W0070353

Heinrich Böll

und die Deutschen

Ralf Schnell

Heinrich Böll
und die Deutschen

Kiepenheuer & Witsch

Verlag Kiepenheuer & Witsch, FSC® N001512

1. Auflage 2017

© 2017, Verlag Kiepenheuer & Witsch, Köln
Alle Rechte vorbehalten. Kein Teil des Werkes darf in
irgendeiner Form (durch Fotografie, Mikrofilm
oder ein anderes Verfahren) ohne schriftliche
Genehmigung des Verlages reproduziert oder
unter Verwendung elektronischer Systeme verarbeitet,
vervielfältigt oder verbreitet werden.
Umschlaggestaltung: Rudolf Linn, Köln
Umschlagmotiv: © ullstein bild – B. Friedrich
Autorenfoto: © Jürgen Naber
Gesetzt aus der Whitman
Satz: Buch-Werkstatt GmbH, Bad Aibling
Druck und Bindung: CPI books GmbH, Leck
ISBN 978-3-462-04871-1

Für Fiete und Lotte

Inhaltsverzeichnis

Nein: Heinrich Böll war nicht der ›gute Mensch von Köln‹ und auch nicht das ›Gewissen der Nation‹. Er war kein *praeceptor Germaniae* wie Walter Jens und ebenso wenig Moralist im Stile eines Günter Grass. Er hat sich, im Unterschied zu Martin Walser, zu keinem Zeitpunkt dazu verstanden, für die Zeitung einer kommunistischen Partei Kommentare zu schreiben, und er war, obwohl gläubiger Katholik, durchaus kein ›katholischer Schriftsteller‹. Alle diese Bezeichnungen – oder sagen wir richtiger: Klischees – finden sich allenthalben und immer wieder, wenn von Heinrich Böll die Rede ist. Doch keines von ihnen wird ihm gerecht.

Gewiss: Heinrich Böll hat sich eingemischt. Doch er tat dies stets auf eigenes Risiko, auf eigene Verantwortung und im eigenen Namen. Er ließ sich zu keinem Zeitpunkt als Repräsentant vereinnahmen. Und eben deshalb kam der einst bekannteste deutsche Autor als »offizieller deutscher Dichter« auch nicht in Betracht, wie Theodor W. Adorno treffend bemerkte. Böll war, wie er selbst gelegentlich eingeräumt hat, ein »Einzelkämpfer« – ein Begriff, der eine Haltung bezeichnet, keine Position.

Nach der »Haltung« Bölls wird in diesem Buch gefragt, und zwar am Beispiel seines Verhältnisses zu Deutschland und den Deutschen – ein Thema, das die Abgründe eines ganzen Jahrhunderts und den Ertrag eines einzigartigen literarischen Werks umfasst. Es schließt die Verwerfungen ein, die mit den großen historischen und politischen, gesellschaftlichen und kulturellen, geistigen und künstlerischen Entwicklungslinien zwischen 1917 und 1985 einhergehen. Und es rührt an die Problematik einer freien Schriftstellerexistenz, wie wir sie seit dem Anfang des 19. Jahrhunderts kennen. Es bietet eine Fülle von Provokationen und Irritationen, dieses Thema, und es führt ins Zentrum der Frage, wie die Deutschen ihrerseits umgehen mit ihren großen Autoren und deren Werk, mit Sprache und Literatur, mit dem Verhältnis von ›Poesie‹ und ›Engagement‹.

Heinrich Böll hat in unserem kurzen, allzu kurzen kulturellen Gedächtnis als öffentlicher Intellektueller überlebt. Doch man kann die Reden und Essays, die seine literarische Arbeit bis an sein Lebensende begleitet und ergänzt haben, im Ernst nicht trennen von den frühen Erzählungen oder den Romanen der 1960er- und 1970er-Jahre. Seine öffentliche Kritik an den gesellschaftlichen Zuständen und Entwicklungen in der Bundesrepublik Deutschland erhielt ihre intellektuellen Impulse, ihre gedankliche Schärfe, ihre sprachliche Kraft von seinen literarischen, seinen künstlerischen Wahrnehmungsmöglichkeiten.

Der Gesellschaftskritiker ist, wie dieses Buch anhand exemplarischer Stationen seines Weges zu zeigen versucht, ohne den Sprachkünstler nicht zu denken.

Die ausführlichste und eindringlichste seiner autobiografischen Auskünfte hat Heinrich Böll mit der mütterlichsten Frage aller besorgten Mütter überschrieben: »Was soll aus dem Jungen bloß werden?« Bei Heinrich Heine, dem ersten ›freien‹ Autor der deutschen Literaturgeschichte, findet sich als Antwort auf diese Frage ein selbstironischer Hinweis, der sich zwanglos auf Heinrich Böll übertragen lässt: »Er hat es, wie die Leute sagen, auf dieser schönen Erde zu nichts gebracht. Es ist nichts aus ihm geworden, nichts als ein Dichter.«

1 *Ich bin ein Deutscher*
Fremdsein, Heimat, Sprache

Am 16. Dezember 1974 hielt Heinrich Böll einen Vortrag an einem in vielfacher Hinsicht – religiös, historisch, politisch, militärisch – brisanten Knoten- und
Kreuzungspunkt der Weltkulturen: in Jerusalem. Den
Anlass seines Vortrags bot die Eröffnung der 39. Tagung
des Internationalen P.E.N.-Clubs (›Poets, Essayists,
Novelists‹). Sie stand unter keinem guten Stern. Die
ursprünglich bereits für Dezember 1973 vorgesehene
Veranstaltung war wegen der militärischen und politischen Auseinandersetzungen im Nahen Osten ver-
schoben worden. Die arabischen und sozialistischen
P.E.N.-Zentren hatten ihre Teilnahme aus politischen
Gründen abgesagt. Nur 30 Delegationen – darunter
als größte die aus der Bundesrepublik Deutschland mit
35 Teilnehmerinnen und Teilnehmern – waren ange-
reist. Den Berichten über die Tagung ist zu entnehmen,
dass die Diskussionen über das vom israelischen
P.E.N.-Zentrum vorgeschlagene Rahmenthema »Cul-
tural Heritage and Creativeness in the Literature of our
Times« im Wesentlichen spannungsfrei, ohne Streit,
aber auch ohne Höhepunkte verliefen.

Die Ausnahme bildete die Rede Heinrich Bölls (KA 19, 54–61). Mit guten Gründen hatten die in Jerusalem versammelten Mitglieder des internationalen Autorenverbandes von *diesem* deutschen Kollegen einen Vortrag erbeten. Der Literaturnobelpreisträger des Jahres 1972 stand auf dem Höhepunkt seines Ruhms. Er hatte sich seit Mitte der 1950er-Jahre weit über die Grenzen der Bundesrepublik Deutschland hinaus einen Namen als streitbarer öffentlicher Intellektueller gemacht. 1970 hatte man ihn zum Präsidenten des deutschen P.E.N.-Zentrums (bis 1972), nur ein Jahr später zum Präsidenten des Internationalen P.E.N. gewählt, ein Amt, das Böll im Mai 1974 aus gesundheitlichen Gründen aufgeben musste. Doch nicht allein solcher Funktionen wegen schien er für eine programmatische Rede prädestiniert. Sondern man erhoffte sich von ihm einen wegweisenden Beitrag vor allem deswegen, weil sich Böll immer aufs Neue für verfolgte und unterdrückte Schriftsteller, zumal in den Staaten des Warschauer Pakts, eingesetzt hatte. Wegen dieses Engagements war er in Ost und West immer wieder gewürdigt, aber auch angefeindet worden. Der Ruf und das Renommee dieses Autors sollten auch dem Schriftstellerverband Resonanz und Gehör verschaffen.

Böll enttäuschte die in ihn gesetzten Erwartungen nicht. Bereits mit dem ersten Satz seiner Rede thematisierte er den – aus seiner Sicht – zentralen historischen Konflikt des 20. Jahrhunderts: Er nannte es »das Jahrhundert der Vertriebenen und der Gefangenen«. Unmissverständlich bezog er in diese Zuschreibung die Geschichte des »jüdischen Volks« ein, ausdrücklich hob er die Sprachtradition und die literarische Kultur des Judentums hervor. Ebenso unmissverständlich wies Böll jedoch auf die »grausame Voraussetzung« jeder Vertreibung hin und explizit auch auf die Realität des israelisch-arabischen Konflikts: darauf, »daß der, der die Vertreibung und die Angst vor ihr kennt, in den grausamen Zwang gerät, andere zu vertreiben, auf der Suche nach einer neuen Heimat andere in jenen Zustand versetzt, dem er gerade entgangen ist«.

Implizit war damit auch das Verhältnis von Ursache und Wirkung im Nahostkonflikt angesprochen, präziser: die Teilung Palästinas und die Gründung des Staates Israel 1948, der Palästinakrieg 1948/49 und seine Folgen, zu denen im Jahr 1974 auch der Sechstagekrieg von 1967 und der Jom-Kippur-Krieg von 1973 zählten, ebenso die Unterdrückung der Palästinenser durch den Staat Israel und der ursächliche Anteil Israels an den militärischen Interventionsversuchen der arabischen Staaten. Böll traf damit den Puls der Zeit und den Nerv der Tagung. »Die arabische Frage, Existenzproblem Israels«, so konnte man wenig später in einem Bericht Hilde Spiels von der P.E.N.-Tagung in der *Frankfurter Allgemeinen Zeitung (FAZ)* lesen, »wurde bereits am ersten Abend an den Kongreß herangetragen«. Es sei Böll gewesen, »der den verhängnisvollen

Umstand betonte, daß ›Völkerwanderung immer auch Völkervertreibung‹ gewesen ist« (KA 19, 410). Eine These, die in der israelischen Presse seinerzeit nicht eben zustimmend aufgenommen wurde.

Doch Böll hielt in Jerusalem nicht nur eine politisch-programmatische, sondern zugleich eine sehr persönliche Rede. Der nachträglich gewählte Titel gab diesem persönlichen Anteil Ausdruck: *Ich bin ein Deutscher* – das war, zumal in Israel, zweifellos ein bekenntnishafter Satz. Merkwürdigerweise aber findet sich dieser Satz im Vortragstext selbst an keiner Stelle. Zurückhaltender gesagt: Er findet sich lediglich in einer eigenwilligen Umschreibung: »It was not very pleasant to be a German – and it still not is.« (›Es war nicht sehr angenehm, ein Deutscher zu sein – und das ist es immer noch nicht.‹) Merkwürdig, in der Tat: Der zu diesem Zeitpunkt bekannteste Autor deutscher Literatur nach 1945 hält 1974 in Jerusalem vor Schriftstellern aus aller Welt eine Rede in deutscher Sprache mit dem Titel »Ich bin ein Deutscher«. Den einzigen Satz aber, der ihn als Deutschen identifiziert, sagt er auf Englisch, noch dazu in einer Umschreibung, die eher ein Ausweichen als ein Bekenntnis andeutet.

Der Gedanke liegt nahe, Böll habe sich an dieser Stelle seiner Jerusalemer Rede eines Stilmittels aus dem Repertoire des epischen Theaters bedient. Mit Bertolt Brecht könnte man von einem ›Verfremdungseffekt‹ sprechen. Denn es handelt sich um den Versuch, etwas Vertrautes – in diesem Fall: »Ich bin ein

Deutscher« – in einem ganz wörtlichen Sinn ›fremd‹ erscheinen zu lassen, es buchstäblich zu ›verfremden‹, und so den eigentlich gemeinten Sinn kenntlich zu machen. Doch es geht Böll um etwas anderes als um einen bloßen Effekt und um mehr als nur um eine ›Verfremdung‹ im Brecht'schen Sinn. Ausdrücklich bezieht sich Böll in seinem Vortrag auf eine »geistesgeschichtliche Tradition, die dieses Fremdsein metaphysisch interpretiert«, eine Formulierung, die den religiösen und philosophischen Diskurs einer transzendentalen Obdachlosigkeit des Menschen ebenso einschließt wie den Marx'schen Begriff der ›Entfremdung‹ mit seinen gesellschaftlichen Implikationen. Böll war sich, jenseits aller philosophischen und soziologischen Traditionen, auch der unstillbaren Sehnsucht des Menschen nach Transzendenz bewusst, der Dimension des Glaubens also. Er hat diese »Tatsache« 1983 gesprächsweise mit den Worten umschrieben, »daß wir hier auf der Erde nicht zu Hause sind, nicht ganz zu Hause sind. Daß wir also noch woanders hingehören und von woanders herkommen« (KA 26, 311). In diesem Bewusstsein teilt sich eine Irritation mit, deren Substanz das Attribut ›fremd‹ auf angemessene Weise wiedergibt. Es geht Böll um das »metaphysisch« begründete Problem des Fremdseins in der Welt: um Fremdheit im Verhältnis zur deutschen Geschichte und zur deutschen Politik, zu Herkunft und Heimat, sogar zum eigenen Werk. Böll gibt mit seiner Rede dieser Irritation in Gestalt suggestiver Fragen Ausdruck:

»[S]ind wir nicht alle fremd auf dieser Erde? Fremd im eigenen Land, in der eigenen Familie, und gibt es da nicht Augenblicke, wo einem die eigene Hand so fremd wird wie die eigene Wohnung?«

›Fremdsein‹ ist für Böll, wie diese Fragen zeigen, kein psychologischer Terminus. ›Fremdsein‹, so wie Böll es versteht, ist eine existenzielle Kategorie. Sie spricht von seinem Weltverhältnis. Sein Verständnis von ›Fremdsein‹ schließt die Beziehung zu den nächsten Menschen ebenso ein wie die zum eigenen Land. Es umgreift die eigene Person wie die vertrauteste Umgebung. Der Literaturnobelpreisträger zieht, um dieses Thema durchzuspielen, alle Register seines Könnens. Er schildert die Stationen, an denen sich das Fremdsein in der Welt für ihn konkretisiert hat. Er nimmt dafür die bekannten Themen seines Frühwerks wieder auf: Krieg und Tod, Trümmer und Elend, Flucht und Vertreibung. Er spricht über die Unterdrückung *der* und über die Unterdrückung *durch* Sprache, über den Anteil *der* Deutschen an der Geschichte der Zerstörungen im 20. Jahrhundert und über die *des* Deutschen an den historischen Katastrophen. Er zeigt sich als historischer Analytiker wie als politischer Kommentator. Und er nutzt seine poetischen Mittel, um von jenen Splittern und Fragmenten zu erzählen, die das ›Fremdsein‹ zur Grunderfahrung gemacht haben. »Was noch zu meiner Erinnerung gehört: der Staub und die Stille. Der Puder der Zerstörung drang durch alle Ritzen, setzte sich in Windeln, Bücher, Manuskripte, aufs Brot und in die Suppe, er war vermählt mit der Luft, sie waren ein Herz und eine Seele«, so Böll im Rückblick auf die unmittelbare Nachkriegszeit in Köln. »Das andere war [...] die Stille. Sie war so unermeßlich wie der Staub, und nur die Tatsache, daß sie nicht total war, machte sie glaubwürdig und erträglich. Irgendwo bröckelten in diesen unermeßlichen stillen Nächten lose Steine ab oder stürzte ein Giebel ein; die Zerstörung vollzog sich nach dem Gesetz umgekehrter Statik, mit der Dynamik im Kern getroffener Strukturen, und manchmal auch konnte einer am hellen Tag beobachten, wie ein Giebel sich langsam, fast feierlich senkte, Mörtelfugen sich lösten, weiteten wie ein Netz – und es prasselten Steine. Die Zerstörung einer großen Stadt ist kein abgeschlossener Vorgang wie eine Operation, sie schreitet fort wie Paralyse, es bröckelt allenthalben, bricht dann zusammen.«

Man darf diese Beobachtungen aus der unmittelbaren Nachkriegszeit, Bölls buchstäblich atemberaubende Eindrücke inmitten der zertrümmerten Stadt, die geradezu körperliche Empfindung einer alles umschließenden, alles durchsetzenden Stille, die sich in das Getöse unaufhaltsamer Zerstörung und Vernichtung verwandelt – man darf diese Erinnerungsfetzen und Wahrnehmungsfragmente als Versuche zur Beschreibung einer Katastrophe verstehen, die nicht nur die Statik der städtischen Architektur, nicht allein die Struktur der Häuser und der Wohnungen betraf. Betroffen war vielmehr, bis in die feinsten Fasern seiner Existenz, der einzelne Mensch, der den Untergang seiner Welt, seiner Geschichte, seiner Kultur, seiner Traditionen, seiner Identität erfährt. Doch Bölls Rede will alles andere sein als eine Klage über die Verluste, die mit den Stadien konkreter Fremdheitserfahrung einhergehen. Ihr Autor will sie vielmehr als einen »Hymnus« verstanden wissen: »ein Hymnus auf eine neue Heimat, die aus dem Staub des kulturellen Erbes bestand«. Um aus der existenziellen Erfahrung des Fremdseins in der Welt und angesichts einer Wüste aus Trümmern im Jahr 1945 zu einem neuen Selbstverständnis zu finden, bedurfte es des Einsturzes alles Vertrauten und aller Gewissheiten: »Der freiwillige, weder durch Sprengung noch sonstige akute Gewalt bewirkte Einsturz einer hohen Giebelmauer«, so Böll in seiner Jerusalemer Rede, »ist ein unvergeßlicher Anblick; in irgendeiner, nicht voraussehbaren, schon gar nicht berechenbaren Sekunde gibt dieses schöne, geordnete, in Zuversicht und Lust zusammengefügte Gebilde nach; es zählt, fast unhörbar tickend, knisternd, vom Datum seiner Entstehung auf Null zurück […] und gibt sich auf. Das war unsere neue Heimat, und wir nahmen sie an.«

Das Band zu einem Deutschland, das der zurückkehrende Soldat ›Heimat‹ hätte nennen können, war durch den Krieg zerrissen worden. Zur Erfahrung des Fremdseins tritt in diesem historischen Augenblick eine neue Erfahrungsdimension hinzu: die der Freiheit. Der Anblick einstürzender Altbauten vermittelt den Eindruck einer einzigartigen Rückabwicklung von Geschichte. Es handelt sich um das Ende der Vorstellung, Geschichte als einen Prozess verstehen zu können, in dem sich das Vertrauen in gesellschaftlichen Fortschritt und die Freude an der Weltgestaltung noch in der Architektur bürgerlicher Lebenswirklichkeit vergegenständlichen ließen. Diese Welt ist unwiderruflich eingestürzt. Ihr Einsturz repräsentiert den Verlust aller Gewissheiten und das Ende einer Epoche: Zurück auf »Null«.

Böll war sich durchaus darüber im Klaren, dass es 1945 einen »Nullpunkt« in einem politisch oder ökonomisch, sozial oder kulturell geprägten Verständnis nicht gegeben hat. Spätestens mit der Wiederaufrüstung in den 1950er-Jahren war auch für ihn sichtbar geworden, »daß eigentlich die Kreise, die die größte Schuld am Heraufkommen der Nazis hatten, also Industrielle und Großbürgertum, auch der Adel, unbeschädigt den Krieg überstanden hatten, und ob sie Nazis waren oder nicht, das spielte plötzlich gar keine Rolle« (KA 25, 297). Seine Beschreibung des Einsturzes einer Giebelmauer nach dem Ende des Zweiten Weltkriegs unterstellt denn auch keinen historischen ›Nullpunkt‹. Doch sie vermittelt einen authentischen Eindruck von der Prägnanz des schöpferischen Neubeginns: der Erfahrung eines Nichts, das sich als Freiheit bestimmen und als ›neue Heimat‹ verstehen lässt.

Nun war ›Heimat‹ in Deutschland immer schon ein schwieriger und strittiger Terminus, mit hermeneutischen Variablen und charakteristischen Untiefen, semantisch vieldeutig schillernd und politisch vielfältig beansprucht, wenn nicht missbraucht. Seine philosophisch prägnanteste Bestimmung fand er in der berühmten Schlusswendung von Ernst Blochs Hauptwerk *Das Prinzip Hoffnung,* nach welcher »der arbeitende, schaffende, die Gegebenheiten umbildende und überholende Mensch« als »Wurzel der Geschichte« gesehen wird: »Hat er sich erfaßt und das Seine ohne Entäußerung und Entfremdung in realer Demokratie begründet, so entsteht in der Welt etwas, das allen in die Kindheit scheint und worin noch niemand zu Hause war: Heimat.« Von dieser Vision ist Bölls durch den Krieg geprägter Wahrnehmungshorizont denkbar weit entfernt. Sehr viel näher dürfte ihm die Einsicht eines Jean Améry gewesen sein, der sich, gezeichnet durch Exil und Gestapo-Folter, in seinem Essay »Wieviel Heimat braucht der Mensch?« 1967 zu der erfahrungsgesättigten Formulierung verstand: »Die Heimat ist das Kindheits- und Jugendland. Wer sie verloren hat, bleibt ein Verlorener, und habe er es auch gelernt, in der Fremde [...] mit einiger Furchtlosigkeit den Fuß auf den Boden zu setzen.«

Dies war eine Selbstwahrnehmung, in der sich auch Böll hätte erkennen können. Doch sein Weg war ein anderer. Ein Deutscher zu sein, hieß für ihn im Jahr 1945, die persönliche Biografie wie die Geschichte des eigenen Landes neu zu sehen, neu zu verstehen und neu zu bestimmen. Die persönliche Erfahrung eines existenziellen Nichts im Jahr 1945 war für ihn eine Freiheitserfahrung, die alte Verbindlichkeiten und Verpflichtungen, Traditionen und Ideologien außer Kraft setzte – vorausgesetzt, »wir nahmen sie an«. Eine einzigartige Möglichkeit, diese Erfahrung anzunehmen, sah Böll für sich in der Sprache. Sie erwies sich für den Kriegsheimkehrer, der Schriftsteller werden wollte, als das Medium einer Selbstbegegnung, die ihm eine neue Sicht auf Deutschland und die Deutschen eröffnete. Und sie blieb für ihn zeit seines Lebens ein entscheidendes Kriterium zur Beantwortung der Frage, inwieweit Tradition und Geschichte aufeinander verwiesen sind: »[I]ch glaube, daß jeder, der in einer Sprache schreibt, eine Vorstellung haben müßte, wo diese Sprache eine geschichtliche oder politische Heimat hat« (KA 24, 45). Man darf Bölls programmatische und persönliche Jerusalemer Rede in diesem Sinn als die rückblickende Beschreibung eines Epochenbruchs verstehen, der ihm neue Horizonte erschlossen hat. Ausdrücklich zitiert er den russischen Dichter Joseph Brodskij, der zwei Jahre zuvor aus der Sowjetunion ausgewiesen worden war. Der spätere Literaturnobelpreisträger (1987) hatte mit allem Nachdruck gegen seine Ausbürgerung protestiert. »Sprache ist etwas viel Älteres und Unvermeidlicheres, älter als der Staat«, so schrieb er in einem Brief an den damaligen Staats- und Parteichef der KPdSU, Leonid Breschnew. Ein Credo, das Böll mit dem sowjetischen Dissidenten vorbehaltlos teilte. 1976 widmete er ihm seine Rezension *Sprache ist älter als jeder Staat,* ein programmatischer Titel, auch in eigener Sache.

Zwar bezeichnete sich Böll wiederholt ganz unprätentiös als »Staatsbürger und Bürger der Bundesrepublik Deutschland«. Zwar hat er in einem Gespräch mit dem russischen Germanisten Lew Kopelew betont: »Ich definiere mich ganz eindeutig, ohne jede Einschränkung, als Deutscher« (KA 25, 528 f.). Zwar entwickelte er – »als einer, der dort und dort wohnt, der Steuern zahlt, der Kinder hat, die zur Schule müssen« (KA 25, 294) – ein durchaus pragmatisches Verhältnis zum deutschen Staat, mit allen hieraus sich ergebenden Verpflichtungen des bürgerlichen Alltags. Doch seine Identität als Autor, als Künstler wie als Intellektueller, ging über solchen staatsbürgerlichen Pragmatismus weit hinaus. »Ich glaube, daß jemand mit der Sprache, in der er schreibt, mehr bekennt als Nationalitäts-Zugehörigkeit«, so Böll 1978: »Es gibt überhaupt keine höhere Form des Bekenntnisses zu einem Volk, als in seiner Sprache zu schreiben« (KA 25, 293).

2 ... *das Herz eines Künstlers*
Herkunft, Familie und Krieg

Verschiedentlich hat sich Heinrich Böll in autobiografischen Skizzen zu seiner Herkunft und seiner Familie, zu Kindheit und Jugend, zu seinen Prägungen und seiner Entwicklung als Schriftsteller geäußert. Zu solchen Skizzen zählen *Selbstvorstellung eines jungen Autors* (1953), *Biographische Notiz* (1956), *Über mich selbst* (1959), *Raderberg, Raderthal* (1965), *Was soll aus dem Jungen bloß werden? Oder: Irgendwas mit Büchern* (1981), *Hoffentlich kein Heldenlied* (1981) und *Brief an meine Söhne oder vier Fahrräder* (1985). Es sind Erinnerungen, Beobachtungen und Auskünfte in einem teils nüchtern-sachlichen, teils kritisch-sarkastischen, teils humorvoll-ironischen Ton. Bisweilen vernimmt man aus ihnen den ungebrochenen Zorn auf die Zeit in »Angst und Schrecken« unter dem Hitler-Regime (KA 21, 403), bisweilen spricht sich in Form von Anekdoten, Arabesken und Andeutungen die Liebe zum skurrilen oder auch intimen Detail aus.

Allerdings darf man nicht jeden geschilderten Vorgang als *factum brutum* verstehen und nicht jede der Informationen für bare Münze nehmen. Wie bei allen autobiografischen Erinnerungsdokumenten bleibt auch in den entsprechenden Skizzen Heinrich Bölls die Subjektivität des Verfassers in seinen Wahrnehmungen präsent, zur Erheiterung wie zur Irreführung des Lesers. Ein Beispiel: »Meine väterlichen Vorfahren kamen vor Jahrhunderten von den Britischen Inseln, Katholiken, die der Staatsreligion Heinrichs VIII. die Emigration vorzogen«, heißt es in *Über mich selbst:* »Sie waren Schiffszimmerleute, zogen von Holland herauf rheinaufwärts, lebten immer lieber in Städten als auf dem Land, wurden, so weit von der See entfernt, Tischler.« (KA 12, 31f.) Das klingt nach einer langen familiären Tradition und passt vorzüglich zum großväterlichen und väterlichen Beruf des Schreiners und Holzschnitzers. Doch ist die Familiengeschichte der Bölls, so wie sie hier geschildert wird, in keiner gesicherten Quelle nachzuweisen. Fest steht lediglich, dass ein seit 1720 bestehendes Haus in Xanten (Niederrhein) als Stammhaus der Familie Böll gelten kann. Hier wurde Heinrich Böll, Sohn eines Tagelöhners und Großvater des Schriftstellers, 1829 geboren, ein Schreinermeister, der 1850 nach Essen zog. Sein Sohn Viktor, Heinrich Bölls Vater, gleichfalls Schreinermeister, zog 1896 nach Köln um. Mehr lässt sich, historisch gesichert, kaum nachweisen. Ebenso wenig lässt sich die anschließend geschilderte »erste Erinnerung« des Kindes aus dem Jahr 1919 beglaubigen, die sich auf »Hindenburgs heimkehrende Armee« (KA 12, 32) beziehen soll. Zwar mögen Teile der Armee des

Generalfeldmarschalls seinerzeit »grau, ordentlich, trostlos« in Sichtweite des Hauses an der Teutoburger Straße vorbeigezogen sein, in dem Heinrich Böll am 21. Dezember 1917 geboren wurde. Doch die dem Kind unterstellte Erinnerungsfähigkeit vermag kaum zu überzeugen – der kleine Heinrich dürfte zu diesem Zeitpunkt nicht einmal eineinhalb Jahre alt gewesen sein.

Authentizität bedeutet nicht Faktentreue. Auch wenn sich Böll bei manchen seiner Angaben geirrt haben mag, auch wenn einige seiner Erinnerungen sich vermutlich aus Erzählungen der Familienmitglieder zusammensetzen, auch wenn diese oder jene Einzelheit eher seiner Lust am Fabulieren als der harten Realität entsprungen sein sollte – die Hintergründe und das Atmosphärische, die Empfindungen und Stimmungen, die einzelnen Facetten und ihre Farbigkeit müssen als poetische Transformationen ernst genommen werden, als literarische Aneignung von Realitätsmaterialien, als Umwandlung von Elementen und Partikeln der Wirklichkeit in Literatur.

Auch hierfür ein Beispiel. Bölls frühe Kindheit wird in seinen Skizzen durch die Wahrnehmung zweier heterogener gesellschaftlicher »Lager« bestimmt, von den Gegensätzen zwischen »dem bürgerlichen und dem sozialistischen (das waren damals noch wirkliche Gegensätze!), oder von den ›Roten‹ und den ›besseren Leuten‹«, so Böll 1965 in seinem Essay *Raderberg, Raderthal* (KA 14, 381–390): »Mich zog's immer in die

Siedlung, die wie unsere neu erbaut war, in der Arbeiter, Partei- und Gewerkschaftssekretäre wohnten; dort gab es die meisten Kinder und die besten Spielgenossen, immer genug Kinder, um Fußball, Räuber und Gendarm, später Schlagball zu spielen. Meine Eltern störte es nicht, daß ich die meiste Zeit bei den ›Roten‹ verbrachte.« Das Köln der gehobenen Stände, der Professoren und Prokuristen, der Architekten und Bankdirektoren, war ganz offensichtlich weniger attraktiv. Auf der Straße, bei den »roten« Kindern, lernte der junge Böll, was er nach eigenem Bekunden im bürgerlichen Teil der Stadt nicht kennengelernt hätte: Abenteuer des Alltags, Sport- und Geschicklichkeitsspiele, Wettkämpfe und Mutproben. Diese Variationen einer klassischen Unterschicht-Sozialisation bilden die gesellschaftlichen Wahrnehmungen des Kindes aus, das mit ihnen groß wird. Es entspringt seiner familiären Herkunft und seiner lebensgeschichtlichen Prägung, dass Böll solche Tugenden bei Angehörigen der sozialen Unterschicht, des Proletariats und des Kleinbürgertums entdeckt. Aus ihnen entsteht, durchaus glaubwürdig, das Fundament, aus dem später die Parteilichkeit des Schriftstellers und seine kritische Sicht auf die politische und soziale Wirklichkeit der Bundesrepublik Deutschland erwachsen.

Was für die autobiografischen Skizzen gilt, lässt sich in vergleichbarer Weise auch für die frühesten literarischen Arbeiten sagen. Im Duktus der Kalendergeschichten Johann Peter Hebels etwa setzt die Erzählung *Jugend* ein (KA 1, 68–90), die Böll 1937, mit knapp 19 Jahren, verfasst hat: »In der dunklen Webergasse der alten Stadt Köln, im Hofe des alten baufälligen Hauses, betrieb der alte Meister Bolanders sein Handwerk als Schreiner.« Eine Stadt, eine Wohnung und ein Mensch werden hier durch das wiederholte Attribut »alt« so miteinander verknüpft, dass aus dem Zusammenspiel mit den Stimmungswerten der Straße (»dunkel«) und des Hauses (»baufällig«) eine Atmosphäre des Verfalls entsteht, die sich am Ende in einer blutigen, expressionistisch inspirierten Tragödie entlädt. Auf den ersten Blick handelt es sich um eine Schulgeschichte, wie wir sie aus anderen Werken des frühen 20. Jahrhunderts kennen, von Hermann Hesse (*Unterm Rad*, 1906) über Robert Musil (*Die Verwirrungen des Zöglings Törleß*, 1906) bis zu Ödön von Horváth (*Jugend ohne Gott*, 1937). Was Bölls frühe Erzählung jedoch abgrenzt von vergleichbaren Werken, das ist – neben der Hervorhebung religiöser und musikalischer Motive – der inhaltliche Akzent auf der städtischen Szenerie. Die »Erkenntnis, daß die Stadt eine Insel der Armut war«, prägt auch Bölls Figuren, den erst 17-jährigen Paul und seine Freunde, sie brennt sich ihnen ein und bringt sie schließlich zum Verstummen. So entwirft sich der junge Autor eine, seine städtische Welt.

Orientierung, weltanschaulich wie religiös, bot dem Heranwachsenden – in weit höherem Maß als etwa der Besuch des altsprachlichen Gymnasiums – der engere

Kreis der Familie. Sein Vater Viktor hatte gemeinsam mit einem Berufskollegen ein Atelier für kirchliche Schnitzwerke gegründet, mit Werkstätten und Arbeitsplätzen, an denen erfolgreich Altäre, Beichtstühle, Orgelgehäuse und Kirchenbänke hergestellt wurden, bis sich mit der Weltwirtschaftskrise 1929 empfindliche Rückschläge bemerkbar machten, mit Auftragsrückgängen, Kreditschwierigkeiten und finanziellen Einbußen. Böll wuchs, als jüngstes von sechs Kindern aus der zweiten Ehe seines Vaters, in einer zwar katholisch bestimmten, doch vergleichsweise liberalen Umgebung auf, die für ihn dauerhaft prägend geblieben ist. Er hat seiner familiären Bindung und damit auch seinem Dank an die Familie in indirekter Form verschiedentlich Ausdruck gegeben, in Texten, die sich als eine Art Vermächtnis an die nachwachsenden Generationen verstehen lassen. So ist der 1985 verfasste *Brief an meine Söhne oder vier Fahrräder* an René und Vincent Böll adressiert und zugleich dem Gedenken an ihre verstorbenen Brüder Christoph und Raimund gewidmet. Seinen Enkeln Samay, Sara und Boris hat Böll den Essay *Was soll aus dem Jungen bloß werden?* zugeeignet. Und auch die 2001 posthum erschienenen *Briefe aus dem Krieg*, Heinrich Bölls bedeutendstes autobiografisches Zeugnis, geben dieser Bindung auf ihre Weise Ausdruck. Sie wurden von Annemarie Böll ausgewählt, durchgesehen und nur um die ganz persönlichen Details gekürzt. Ihr erster, zwischen August 1939 und September 1940 entstandener Teil wendet sich durchweg an die Eltern und

Geschwister, die mit vielerlei Wünschen, Informationen und Anekdoten bedacht werden. Das zweite, ungleich gewichtigere Briefkonvolut, verfasst zwischen September 1940 und April 1945, richtet sich fast ausschließlich an Annemarie Cech, seit der standesamtlichen Trauung am 6. März 1942 Bölls Ehefrau und nach 1945 auch seine Beraterin in literarischen Fragen. Die Briefe an Annemarie Böll sind fesselnde Dokumente, an denen sich die familiären Bindungen des angehenden Schriftstellers ebenso ablesen lassen wie sein Verhältnis zu Deutschland und den Deutschen während des Zweiten Weltkriegs.

Am 28. August 1939 wurde Heinrich Böll zum Wehrdienst einberufen. Einschlägige Erfahrungen hatte er bereits seit November 1938 gesammelt, seit seiner Einberufung zum Reichsarbeitsdienst, einer prä-, später paramilitärischen Organisation, die – verbunden mit dem nationalsozialistischen Appell: »Arbeit für Dein Volk adelt Dich selbst« – Jugendliche im Alter zwischen 18 und 25 Jahren zwangsweise zu einem mehrmonatigen Arbeitseinsatz rekrutierte. Bis zum 31. März 1939 war er in Wolfhagen in Kassel stationiert. Er absolvierte seine fünfmonatige Arbeitsdienstzeit in einer – so Böll – »Terrororganisation«, die »KZ-artige Züge hatte, [...] schwerste Arbeit unter sehr schweren Bedingungen mit sehr wenig zu essen und kaum Geld«, kurz: »ein Alptraum« (KA 25, 414). Nur wenige Monate später sollte dieser Alptraum militärischer Alltag sein.

Am 3. September 1939 wurde der junge Soldat auf

den »Führer und Reichskanzler« Adolf Hitler vereidigt. Er brachte es während seiner gesamten Dienstzeit, also in rund fünfeinhalb Jahren, lediglich bis zum Obergefreiten, Ausdruck nicht nur mangelnden militärischen Ehrgeizes, sondern auch seiner Distanz gegenüber der Wehrmacht und dem Kriegsdienst generell. Mit einem Unterton des Einverständnisses, wenn nicht der Zufriedenheit, heißt es zwar in einem der ersten seiner Briefe an die Familie vom 30. August 1939: »Wir sind zu 20 Kölnern einer aus älteren Leuten und aus Jahrgang 1910 zusammengesetzten M.G.-Kompanie zugeteilt.« (KB 13) Nur vier Wochen später gilt die Hoffnung dieses durch nichts als die Herkunft verbundenen Kreises sogar den Freuden eines gemeinsamen Wochenendurlaubs: »Wir wären dann schon Samstagabend spät in Köln und könnten uns ganze 24 Stunden in Heimat wälzen.« (KB 17) Unverkennbar spricht sich in diesen Äußerungen die Offenheit des 21-Jährigen für kameradschaftliche Beziehungen aus und nicht weniger die Sehnsucht nach dem Kreis der Familie und der Freunde. Doch was dieser Phase der Eingewöhnung folgt, ist, wie Bölls Briefe zeigen, eine Zeit des wachsenden inneren Widerstands, der Isolation und der Einsamkeit, des Widerwillens gegen die Lebensumstände, des Ekels gegenüber den Kameraden und des Hasses auf alles, was mit Militär und Krieg zu tun hat.

James H. Reid hat die *Briefe aus dem Krieg* den »Entwicklungsroman des Zweiten Weltkriegs« (KB 1513) genannt. Sie sind dies hinsichtlich der geografischen Welterkundung und der politischen Welterschließung, die aus ihnen spricht, ebenso wie im Hinblick auf die religiösen und moralischen Modi der Weltaneignung und -bewertung, zu denen Böll im Lauf der Jahre findet. Vor allem aber zeugen diese Briefe von der Einsicht ihres Autors in die Möglichkeiten, die er in sich sucht und sieht, und nicht weniger in die objektiv ihm gesetzten Grenzen. »[I]ch habe das Herz eines Künstlers«, schreibt er am Abend des 2. Januar 1942 an Annemarie Cech, »wenn es auch tief verschüttet ist … tief, tief …« (KB 283). Eine Selbstwahrnehmung, in der wie aus weiter Ferne eine Selbsterkenntnis Goethes während seiner *Italienischen Reise* anzuklingen scheint. »Ich darf wohl sagen«, so Goethe in einem Brief an seinen Dienstherrn, den Herzog Karl August, vom 17. März 1788, »ich habe mich in dieser anderthalbjährigen Einsamkeit selbst wiedergefunden; aber als was? – Als Künstler!«

Doch während Goethe diese Einsicht auf einer Reise gewinnt, die ihn nach Rom, Sizilien, Neapel und Pompeji führt, in die Welt der Antike und der Renaissance, zu den Bauwerken des Meisters Palladio, den Gemälden Raffaels und den Skulpturen Michelangelos, findet sich der Gefreite Böll in einer Maschinerie der Marschbefehle wieder, deren Ziel die Vernichtung von Menschen und die Zerstörung von Kultur ist. Ihre einzelnen Etappen führen ihn von Deutschland nach Polen, von dort nach Frankreich und zurück nach Deutschland, von dort abermals nach Frankreich, dann nach Russland und auf die Krim, wiederum nach Frankreich und schließlich zurück nach Deutschland, in die Kriegsgefangenschaft. Wo Goethe auf seiner Reise einen Teil der intellektuellen und künstlerischen Hautevolee seiner Zeit trifft, darunter den Schriftsteller Karl Philipp Moritz und den Maler Johann Heinrich Wilhelm Tischbein, muss sich Böll mit den von ihm verachteten Vorgesetzten und seinen Kameraden begnügen. Wo es Goethe gelingt, die Arbeit an seinem Schauspiel *Egmont* abzuschließen und die *Römischen Elegien* innerlich vorzubereiten, bleibt es für Böll lediglich bei der Gewissheit, über eine »tiefe Empfindsamkeit« zu verfügen und eine ihm von Gott übertragene »Aufgabe« erfüllen zu müssen. Und wo Goethe am Ende seiner Reise zukunftsfroh ausrufen kann: »Täglich wird mir's deutlicher, daß ich eigentlich zur Dichtkunst geboren bin«, da ringt sich der mehrfach verwundete Böll zu der melancholischen Formulierung durch: »Ich glaube, ich habe den Auftrag, allen Menschen eindringlich zu sagen, daß es nichts so Geheimnisvolles, nichts so Verehrungswürdiges gibt wie das Leid« (KB 170). Mit einem Wort: Wo Goethes *Italienische Reise,* der reale Weg wie das literarische Werk, ein grandioses Bildungserlebnis repräsentiert, dokumentieren Bölls *Briefe aus dem Krieg* einen Prozess abgründiger Selbsterkenntnis.

Zwar gab es bisweilen Licht im Dunkel des Krieges, Augenblicke der Freude und der Erwartung einer Veränderung, die sich, etwa anlässlich des Kriegsbeginns gegen England, schon 1940 mit der Hoffnung auf »das lang ersehnte Ende« (KB 100) verbindet. Ebenso lassen Bölls Naturbeschreibungen den Schluss zu, dass es ihm augenblicks- und stundenweise gelungen ist, der erlittenen Misere zu entkommen, sich aus den bedrückenden Lebensverhältnissen herauszuheben, die allzu eng gezogenen Grenzen zu überschreiten. Zu solchen Glücksgefühlen tragen vor allem Klänge aus dem Radio bei, darunter die Musik Mozarts und Beethovens, an deren Genuss sich das Bekenntnis anschließt: »Es gibt wohl nichts, wovon ich so sehr abhängig bin, was meine Gefühle und Stimmung so plötzlich und grundlegend ändern und bestimmen kann, wie Musik.« (KB 125) Und nicht zuletzt erhellen Buchlektüren – von Léon Bloy und Sören Kierkegaard über Charles Dickens, Dostojewski und G. K. Chesterton bis zu Georg Trakl und Reinhold Schneider, Ernst Jünger, Ernst Wiechert und Gertrud Fussenegger – die dumpfe Umgebung. Gegen Ende des Krieges aber, zumal im vorletzten Kriegsjahr, überlagert das Dunkel der Stimmungen, der Ton der Verzweiflung und der Ausdruck des Ekels selbst diese wenigen Augenblicke des Glücks. Die endlosen Wartezeiten und demütigenden Kasernenrituale, die sinnlosen Übungen und entbehrungsreichen Märsche, den »Stumpfsinn des Dienstes« (KB 782) und den »Irrsinn!« (KB 1062) des Krieges bilanziert exemplarisch ein Brief vom 10. Juni 1944: »Mich ekelt der Krieg an, er ist allmählich zu einer irrsinnigen Verwirrung geworden, es gibt keinen Glauben und keine Freude und keine Begeisterung mehr, und das Maß der Leiden unserer Infanterie ist erfüllt; die Offiziere taugen nicht mehr viel, und die Soldaten sehnen sich immer wieder nach neuen Verwundungen, die sie befreien aus der Hölle. Aber ich hasse auch die Hölle des Lazaretts, ich hasse die Hölle der Uniform, überhaupt die Uniform an sich ...« (KB 1063).

Bei alledem erscheint Bölls Verhältnis zu Deutschland auf überraschende Weise zwiespältig. Es wird einerseits, über die Jahre hinweg, durch kritische Wahrnehmungen infrage gestellt, die den deutschen Nationalcharakter betreffen. Es erscheint andererseits, durch alle Kriegserfahrungen hindurch, geprägt von einem Patriotismus, der außer Zweifel steht. Diese Ambiguität lässt sich einem Brief an Annemarie Böll vom 21. März 1943 entnehmen: »Noch etwas, was mir sehr naheliegt und was ich Dir sagen muß: Ich liebe Deutschland wirklich, wenn ich auch manche Erscheinungsform und manches typisch Deutsch-Bürgerliche hasse, so liebe ich doch Deutschland, glaube es mir. Ich glaube, niemand anderm könnte ich das sagen! Fast schäme ich mich. Ich hasse alles das maßlos, was Deutschland entstellt, und das ist leider oft das Geschrei derer, die Deutschland vertreten; aber ich liebe Deutschland.« (KB 659) Wenn nicht alles täuscht, so spricht aus diesen Zeilen der Zwang zur Selbstrechtfertigung. Es handelt sich um den Versuch, der geliebten Person zu erklären, dass die Teilnahme an diesem

Krieg aus einer inneren Überzeugung hervorgeht und dass sie im Einklang mit der Gefühlswelt des Gefreiten Böll steht. Der dreimalige Gebrauch des Emotionswortes schlechthin (›lieben‹) im Zusammenhang mit einer geografischen und politischen Abstraktion (›Deutschland‹) soll der Ehefrau in der Heimatstadt Köln die Einsicht in eine Notwendigkeit vermitteln. Sie besteht darin, an einer unauflöslichen emotionalen Bindung festhalten zu müssen, um der Trennung und der Entbehrung – trotz aller Spießigkeit der Deutschen und des Propagandageschreis der Presse – einen Sinn zu geben.

Nur wenig später, in einem Brief vom 2. Mai 1943, formuliert Böll diesen Zusammenhang abermals, dieses Mal explizit. Den Anlass hierzu gibt ein Doktor der Jurisprudenz (»maßlos hohl, sentimental«), mit dem Böll dienstlich zu tun hat, ein typischer Repräsentant jener verhassten deutschen Bürgerlichkeit (»ein abscheuliches Gesindel, dieses deutsche Gebildeten-Pack«, (KB 740), die immer aufs Neue Zweifel am Sinn des eigenen Daseins weckt: »Oft überfällt mich wie ein Schatten der schreckliche Argwohn, ob nicht dieses Unternehmen wirklich nur ein unheilvolles Abenteuer weniger verantwortungsloser Existenzen war! Aber ich kann nicht, kann nicht den Glauben an die Möglichkeit Deutschland fallenlassen, wenn auch unser Volk, so wie es jetzt ist, eine gottlose und fast konturlose Masse ist; vielleicht erhebt uns dieser Krieg! Wir wollen keinen einzigen Tag vergehen lassen, ohne

Gott zu bitten für alle die Opfer dieses Krieges! Dieses vollkommen wahnsinnigen Krieges ...« (KB 741).

»Argwohn« gegenüber politisch-militärischer Führung und ›gott- und konturlosem‹ Volk auf der einen, unverbrüchlicher »Glauben an die Möglichkeit Deutschland« auf der anderen Seite – nachzuvollziehen ist diese Ambiguität dann, wenn man den psychologischen Faktor einer notwendigen Identifikation in Rechnung stellt. Der Gefreite Böll sieht sich – bei Strafe der Selbstverleugnung und des Selbstverlustes – gezwungen, sich mit der Sache, für die er mit seinem Leben einzustehen hat, zu identifizieren. Allen Irritationen und Selbstzweifeln, allen Angstgefühlen und Hassausbrüchen zum Trotz bietet die »Möglichkeit Deutschland« eine Chiffre der Sinnstiftung. Mit ihrer Hilfe lassen sich die Enttäuschungen und Entbehrungen, die Rückschläge und Depressionen ertragen, die der Krieg mit sich bringt. Sie verleiht den verwundungsbedingten Aufenthalten im Lazarett wie den wiederholten Phasen der Verzweiflung jene zweifelhafte Dignität, die im Dritten Reich dem Bedeutungshof des Wortes »Opfer« zugehörte.

Dass die Hoffnung auf den Sieg Deutschlands in Wahrheit nichts anderes war als die Hoffnung auf das eigene Überleben, der das tägliche Gebet für die »Opfer dieses Krieges« auf seine Weise Ausdruck gab, das machen wie kaum ein anderes Dokument der Zeit die erst im Jahr 2017 unter dem Titel *Man möchte manchmal wimmern wie ein Kind* veröffentlichten Kriegstagebücher deutlich. Sie geben der verzweiflungsvollen Stimmung der Kriegsjahre von 1943 bis 1945 einen unvermittelten, durch keinerlei Rücksicht auf die briefliche Adressatin gemilderten Ausdruck. Notizen zu Kämpfen und Verwundungen stehen neben Skizzen von Träumen, Aperçus zum militärischen Alltag neben verstreuten Leseeindrücken, so am 13. Juli 1944, durch Umrandung hervorgehoben: »Ernst Jünger: In Stahlgewittern« und der Nachtrag: »ein tolles Buch«. Und immer wieder, die Aufzeichnungen leitmotivisch durchziehend, der sehnsüchtige Ruf nach der geliebten Frau, immer aufs Neue die demütige Anrufung Gottes, die sich mit der flehentlichen Bitte um Erlösung und Frieden verbindet.

Mit Recht hat man Bölls *Briefe aus dem Krieg* als »tragende Säulen seines Gesamtwerks« (Volker Neuhaus) bezeichnet. Zahlreiche der Elemente, die den Schriftsteller und den öffentlichen Intellektuellen auszeichnen, die sein Denken und seine Sprache, sein Verhältnis zur Kunst und zur Gesellschaft, seine Interventionsbereitschaft und sein Engagement charakterisieren, sind durch seine Entwicklung zwischen 1939 und 1945 bestimmt. Nachhaltig und dauerhaft und unter mehr als einem Aspekt: hinsichtlich seines Glaubens, seiner religiösen Entwürfe und seines Anti-Preußentums, seines Gerechtigkeitsempfindens und seiner Fähigkeit zur Empathie, seiner im tiefsten Grund konservativen, im besten Sinn: bewahrenden Einstellung gegenüber den Weltverhältnissen und den Zeitläufen.

Dass sich diese Prägungen der Erfahrung des Krieges verdanken, machte sie umso wertvoller. Durch den Krieg sind sie essenziell und radikal geworden, nicht nur eine Basis des späteren Werks, sondern – errungen unter Einsatz des eigenen Lebens und der ganzen Existenz – die Grundlage seiner Persönlichkeit.

Anhand einer einzelnen Szene, der Begegnung mit einem General anlässlich eines Truppenbesuchs, die Böll in einem Brief an Annemarie Cech vom 17. Februar 1941 schildert, tritt dieser Wirkungszusammenhang anschaulich zutage: »Dann kam der General, ziemlich gravitätisch, hat alles beguckt, und dann hat er so allerlei gefragt, so en passant, und weißt Du, was er mich gefragt hat, der General mich: ›Bist du nicht gerne Soldat, mein Sohn?‹ Ich habe, angesichts von einem halben Dutzend höherer Offiziere, tapfer geschwiegen, obwohl ein knechtisches und automatisches Jawohl mir unbedingt entschlüpfen wollte. Stell Dir nur vor, ich habe lediglich einen kleinen winzigen Sterr auf dem linken Arm [Dienstgrad eines Schützen] und Er, Er hatte funkelnde, rote Mantelaufschläge und viel, viel Gold an seinem Gewande; aber ich habe geschwiegen … und der Herr General hat sich abgewendet …« (KB 171). Dies war die erste Bewährungsprobe der antiautoritären Haltung Heinrich Bölls. Er hat sie sich ein Leben lang bewahrt.

3 Das Brot der frühen Jahre
Schriftstellernöte und erster Ruhm

»Wenn ich meine Situation der letzten drei Monate schildern würde«, schrieb Heinrich Böll am 23. Januar 1950 an Paul Schaaf, seinen damaligen Lektor im Middelhauve Verlag, »ich glaube nicht, daß sie Ihnen glaubhaft erscheinen würde, aber es ist völlig unmöglich, daß es so weiter geht; meine Frau ist zu Ende, ich bin zu Ende – soweit, daß mir alle Romane und Kurzgeschichten gleichgültig erscheinen gegen eine einzige Träne meiner Frau: das ist es. Sie verstehen mich. Möglicherweise würde es mir sehr nützlich sein, der Literatur für einige Jahre ›Auf Wiedersehen‹ zu sagen; vielleicht für immer: es schmerzt mich weniger, als man glauben würde« (KA 5, 353). Dieser Brief – die Momentaufnahme aus dem Leben eines noch weitgehend unbekannten Schriftstellers – resümiert eine Situation der Verzweiflung. Den Anlass des Schreibens bildete die Arbeit an einem Roman mit dem Titel *Der Engel schwieg*. Seinem Freund Ernst-Adolf Kunz hatte der Autor hiervon bereits im Juli 1949 berichtet. Nahezu zwei Jahre später, im April 1951, übersandte er dem Middelhauve Verlag das fertige Manuskript. In-

41

nerhalb dieses Zeitraums hatte der Roman verschiedene Entwurfsstadien durchlaufen, war Gegenstand von Diskussionen mit Verlagsleiter und Lektor gewesen und selbstkritischen Revisionen unterworfen worden. Doch gedruckt wurde er nicht. Der Autor zog das Manuskript drei Monate nach der Einsendung zurück und zerlegte es in fünf Kurzgeschichten, die er einzeln zu veröffentlichen versuchte. Als Roman erreichte das Gesamtmanuskript erst 1992 die Öffentlichkeit.

Es lohnt die Mühe, den Gründen für diesen erstaunlichen Vorgang nachzugehen. Die Entscheidung Bölls für die kleine Form war das Symptom eines literaturgeschichtlich bekannten Phänomens, in dessen Zusammenhang zuerst Heinrich Heine, und zwar bereits im Jahr 1833, von den »Nöthen eines armen Schriftstellers« gesprochen hat. Schon bei Heines »Schriftstellernöthen« ging es um eine Mischung von politischen und materiellen Kämpfen, und wie bei Heine stellte sich auch bei Böll die Frage nach der Verlässlichkeit des Verlegers. Denn die Rücknahme des Textes war auch Ausdruck der Unzufriedenheit Bölls mit dem Geschäftsgebaren des Middelhauve Verlages, der – so schien es ihm zumindest – nicht genug für die Verbreitung seines Werks tat. Zum anderen aber drückte sich in diesem Vorgang die Hoffnung aus, durch die Mehrfachnutzung des Textes in Gestalt kleinerer Erzählungen ein größeres Publikum erreichen und auf diese Weise die prekäre materielle Situation verbessern zu können.

Die seinerzeit überaus beliebte Form der Kurzgeschichte entsprach, wie Böll im Rückblick bemerkt
hat, der »Kurzatmigkeit der Epoche« (KA 25, 144), die
sich in seiner eigenen Lebenssituation spiegelte. Am
15. September 1945 war er aus amerikanischer Kriegsgefangenschaft entlassen worden, hatte sich als Hilfsarbeiter durchgeschlagen und sich *pro forma* an der
Universität zu Köln eingeschrieben. Anfang 1946 äußerte er gegenüber seinem Freund Ernst-Adolf Kunz
den Wunsch, über seine Erlebnisse und Erkenntnisse
»schreiben« zu wollen. Erste Versuche hierzu entstanden zwischen Mai und November 1946 in Form von
Erzählungen (darunter *Der General stand auf einem Hü-
gel*) und Romanentwürfen (*Kreuz ohne Liebe*). Anfang
1947 sandte Böll mehrere Texte, Erzählungen wie Essays, an Zeitungen und Zeitschriften, darunter das von
Walter Dirks und Eugen Kogon begründete, als ›links-
katholisch‹ geltende Periodikum *Frankfurter Hefte,*
und beteiligte sich mit dem Roman *Kreuz ohne Liebe*
an einem öffentlich ausgeschriebenen Wettbewerb –
alles ohne Erfolg.

Erst im Mai 1947 erfolgte ein Teilabdruck der Erzählung *Vor der Eskaladierwand* in der Zeitung *Rheinischer Merkur* – die vollständige Fassung wurde, wie
andere, gleichzeitig entstandene Texte auch, erstmals
in der 27-bändigen Werkausgabe veröffentlicht. Zwar
gelang es Böll in den Jahren 1947 und 1948 verein-
zelt, literarische Arbeiten in Zeitschriften und Zeitungen unterzubringen, zwar wurde, Schritt für Schritt,

ein kleiner Kreis interessierter Leser auf ihn aufmerksam, zwar bemühte er sich immer wieder um Kontakt zu den Literatur- und Kulturredaktionen der Rundfunkanstalten – doch das Echo insgesamt blieb gering. Eingezwängt zwischen »Kartoffeln hamstern« (Böll), Schwarzmarktgeschäften und Nachhilfestunden, hatte sich der inzwischen 32-jährige Autor seit fast einem halben Jahrzehnt nahezu ohne Resonanz um Publikationsmöglichkeiten bemüht, als er jenen Brief an den Middelhauve Verlag schrieb. Es fehlte an allem, an Geld ohnehin, auch wenn gelegentliche Vorschüsse die Not bisweilen geringfügig linderten. Am 1. Juni 1950 trat Heinrich Böll deshalb eine Aushilfsstelle am Statistischen Amt der Stadt Köln an, bei der Gebäude- und Wohnungszählung, für die er bis zum April 1951 im Außendienst und im »Stumpfsinn der Büroarbeit« (Böll) tätig war. Zu fünft lebte das Ehepaar Böll gemeinsam mit den Söhnen René, Raimund und Vincent 1950 in einer Zweizimmerwohnung. Und Annemarie Böll arbeitete trotz der drei Kinder notgedrungen vertretungsweise in der ungeliebten Schule.

À propos Annemarie Böll. Das muss an dieser Stelle einmal deutlich gesagt werden: Sie war es, die mit ihrem knappen Gehalt als Lehrerin das Überleben der jungen Familie sicherte. Sie trug Sorge für den Umzug in eine Wohnung, die den allzu beengten Lebensverhältnissen ein Ende setzte. Sie machte sich, um Geld zu verdienen, Anfang der 1950er-Jahre an die Übersetzung literarischer Werke aus dem Englischen ins

Deutsche – mehr als siebzig Bücher hat Dieter Kühn in seinem einfühlsamen Essay *Auf dem Weg zu Annemarie Böll* angeführt, die zum weit überwiegenden Teil von Annemarie Böll übersetzt wurden, auch wenn zumeist beider Namen angeführt sind. Und nicht zuletzt war *sie* es, Annemarie Böll, die ihrem Ehemann, dem noch immer erfolglosen Autor, in dieser schwierigen Zeit neben ihrer persönlichen Unterstützung auch ihre »unfehlbare Kritik« (Böll) zukommen ließ. Sie lektorierte seine literarischen Texte und erledigte – soweit möglich – seine Korrespondenz. Sie bestärkte ihn in seiner Arbeit, wenn es Rückschläge gab. Sie ermunterte ihn, wenn er resignierte. Heinrich Böll hat sich um häusliche Verpflichtungen und familiäre Beanspruchungen, darunter die Versorgung der Kinder, durchaus nicht gedrückt. Aber seine Frau hielt ihm den Rücken frei, wenn die alltäglichen Belastungen zu groß wurden. Dabei ist sie, mit einer staunenswerten Zurückhaltung, stets im Hintergrund geblieben. Im Mittelpunkt stand immer *er* – doch wäre ohne *sie* sein Erfolg kaum denkbar.

Auch aufgrund dieser Unterstützung konnte Heinrich Böll, entgegen allen Zweifeln und Selbstzweifeln und allen marktbedingten Einwänden zum Trotz, an seinem im August 1948 gefassten Entschluss festhalten, auf seine schon während des Krieges tief empfundene Berufung zum Schreiben zu vertrauen und dafür die sozialen Härten einer freien künstlerischen Existenz auf sich zu nehmen. Dazu benötigte er auch fachlichen Rat. Geradezu verzweifelt wirken im Rückblick seine Bitten um kritische Rückmeldungen, die er sich im Falle der Ablehnung seiner Manuskripte von Zeitschriften- und Rundfunkredakteuren wie Walter Dirks und Alfred Andersch erhoffte – und nur ausnahmsweise erhielt. Absagen waren meist verbunden mit der herablassenden Bemerkung, der eingesandte Text sei »doch ein wenig zu langatmig«, und begleitet durch die joviale Ermunterungsfloskel: »wir würden die gelegentliche Einsendung einer oder mehrerer anderer Arbeiten begrüßen« (KA 2, 449).

Böll war deshalb klar, dass er Kontakt zu anderen Autoren suchen musste, um mit diesen in einen kollegialen Austausch über literarische Texte einzutreten und mit ihnen gemeinsam ein Netzwerk zu bilden, über das sich eine größere Öffentlichkeit erreichen ließ. Einen solchen Versuch stellte seine Teilnahme an einem Schriftstellertreffen im August 1950 in Kassel dar. Es war eine ›gruppe junger autoren‹ – unter ihnen Hans Bender, Janheinz Jahn und Paul Schallück –, die sich eine Unterstützung auf Gegenseitigkeit zum Ziel gesetzt hatten, in Form von Lesungen und Diskussionen, in Gestalt einer Anthologie mit eigenen Texten, durch die Kontaktanbahnung zu Rundfunkanstalten und mithilfe eines Pressedienstes. Doch die Aufbruchstimmung, die jene erste Tagung noch begleitet hatte – unter anderem durch eine erfolgreiche Lesung aus *Wo warst du, Adam?* –, war alsbald verflogen, auch bei Böll, der sein Engagement für den Pressedienst und die organisatorischen Erfordernisse der Gruppe rasch wieder einstellte. Die ›gruppe junger autoren‹ erschien ihm zu jung, zu provinziell und wohl auch zu dilettantisch – die wirklich an- und aufregenden Kollegen versammelte zu dieser Zeit Hans Werner Richter in der Gruppe 47 um sich, zu der Böll erst ein Jahr später stoßen sollte.

So blieb für den doppelten Zweck, Geld zu verdienen und den eigenen Namen bekannt zu machen, als *ultima esperanza* zu Beginn der schriftstellerischen Tätigkeit nur das Verfassen von Rezensionen. Sehr rasch bediente sich Böll jenes Genres, das er zeit seines Lebens nicht wieder preisgeben sollte: Literaturkritiken, Berichte von Theateraufführungen, kleinere Essays, Notizen zum literarischen Leben. Es waren Arbeiten für Feuilletonredaktionen von Tageszeitungen sowie für Zeitschriften und Magazine, die freilich erst einmal akzeptiert werden mussten. Schon 1949, bei seiner ersten Bemühung in dieser Richtung, einem Beitrag für die *Frankfurter Hefte,* hatte Böll die harten Regeln eines Kulturbetriebs zur Kenntnis zu nehmen, in dem ein noch namenloser Verfasser anspruchsvoller Texte sich in einer vollständigen Abhängigkeit von den Entscheidungsmechanismen namhafter Redaktionen befand. Auf Briefe gab es keine Antwort, Manuskripte gingen verloren, Themenvorschläge wurden zwar begrüßt, ihre Ausführung hingegen beanstandet, die bereitwillig vorgenommenen Überarbeitungen jedoch für nicht hinreichend erklärt und die »mehrmals durchgesehene Arbeit« (KA 4, 683) am Ende nicht publiziert.

Schwierigkeiten hatten die Redakteure mit zwei charakteristischen Eigenarten des jungen Autors, die schon die ersten der zahlreichen, im Verlauf der nächsten Jahre veröffentlichten Rezensionen auszeichnen: das Bemühen um eine bildkräftige, ja poetische Sprache, die ganz gezielt den subjektiven Wahrnehmungswinkel zur Geltung bringt, und der entschieden wertende Gestus, mit dem schon der junge Dichter immer aufs Neue seine Urteile begründet. Diese Qualitäten heben Bölls Texte von vergleichbaren Arbeiten professioneller Kritiker nicht nur graduell ab, sondern unterscheiden sie substanziell von diesen. Böll sprach auch als Rezensent immer in der ersten Person Singular. Er verfasste in seinem Schriftstellerleben etwa 180 Rezensionen – sie waren für ihn eine genuin literarische Form des Ausdrucks und damit ein Teil seiner poetischen Möglichkeiten, die er mit Bedacht in den Dienst der von ihm diskutierten Sache stellte.

Die Schwierigkeiten, als Schriftsteller zu reüssieren, beruhten jedoch nicht allein auf der mangelnden Einsichtsfähigkeit etablierter Redakteure – sie hatten auch und nicht zuletzt mit den Nachwirkungen des Dritten Reichs zu tun. »[Z]wölf Jahre lang mit einer völlig verlogenen, hochpathetisierten Sprache konfrontiert« zu sein (KA 25, 144 f.) – das konnte die Qualität der deutschen Nachkriegsliteratur nicht unbeeinträchtigt lassen. Noch 1964, in seinen *Frank-*

furter Vorlesungen, sah sich Böll veranlasst, auf die Belastungen hinzuweisen, unter denen der literarische Neubeginn nach dem Zweiten Weltkrieg stand: »Man hat das noch nicht begriffen, was es bedeutete, im Jahre 1945 auch nur eine halbe Seite deutscher Prosa zu schreiben.« (KA 14, 164) Bölls Kurzgeschichten aus dieser Zeit – etwa *Wiedersehen in der Allee* (1948) oder *Der Zug war pünktlich* (1949) – beziehen ihre Kraft und Eindringlichkeit fraglos aus der Nähe des Erzählers zu den Figuren, ihrem Leben, ihrem Elend, ihrem Tod. Eben diese Nähe aber verleiht seinen frühen Erzählungen auch ein hohes Maß an Pathos und Sentimentalität. »Paul rüttelte den Kleinen, aber der rührte sich nicht mehr«, heißt es etwa am Ende der Erzählung *Der Angriff* (1947): »kein Splitter und kein Geschoß hatte ihn erreicht; sein Kinderherz war von der Angst erdrosselt worden … und noch im Tode bebte es – leise, leise wie der Wind, der morgens in den Bäumen vor seines Vaters Haus gespielt hatte.« (KA 3, 163) Die Verwendung trivialer Erzählmuster, die in solchen Passagen des frühen Werks zur Geltung kommen, zeugt von der überanstrengten Bemühung um Stimmungsausdruck, die unübersehbar auch die Grenze zum Kitsch berührt.

Hinzu kam, dass gerade die Vermittlung der Leidensthematik, die der junge Soldat noch als seine ihm von Gott übertragene »Aufgabe« verstanden hatte, das potenzielle Lesepublikum der Nachkriegszeit in kritischer Distanz zu seiner Literatur hielt. Das »Nachdenken über die Heilsamkeit der Niederlage« (KA 22, 153), das Böll noch 1982 für die unmittelbare Nachkriegszeit in Anspruch genommen hat – es war rasch verflogen, abgelöst von einem entschiedenen Willen zur Verdrängung und Neuorientierung. Sein langjähriger Lektor signalisierte ihm – bei allem persönlichen Wohlwollen –, »daß wir mit Manuskripten dieses Themas überladen sind und wirklich dergleichen nicht mehr verlegen können« (KA 6, 547). Zur Begründung führte er die Einstellungsveränderungen der Leser ins Feld: »Wir haben nämlich augenblicklich eine äußerst entschiedene Abneigung des Publikums gegen alle Bücher, die etwas mit dem Krieg zu tun haben. Ja, es ist völlig klar, daß heute eine geradezu schauerliche Welle von ›Harmlosigkeit‹ und Gartenlaubenformat durch die Leser und auch durch die Literatur geht. Es ist ein krampfhaftes Augenzumachen« (KA 6, 555).

Dieser Einsicht konnte sich Böll auf Dauer kaum entziehen. Bereits zwei Monate nach seinem Entschluss, sich als freier Schriftsteller durchzusetzen, hatte er – hin- und hergerissen zwischen höchster Produktivität und tiefster Resignation und fixiert auf einen »toten Punkt« seiner Biografie – seinem Freund Ernst-Adolf Kunz am 11. Oktober 1948 geschrieben: »Mein eigentliches Gebiet ist ja offenbar der Krieg mit allen Nebenerscheinungen und keine Sau will etwas vom Krieg lesen oder hören und ohne jedes Echo zu arbeiten, das macht dich verrückt.« Wenn er als Autor überleben wollte, dann musste Böll aus dieser Einsicht in nicht allzu ferner Zukunft Konsequenzen ziehen, bei der Themenwahl wie in seiner Schreibweise.

Dies gelang ihm in dem Maße, wie er sich von der Kriegsproblematik entfernte, wie er sich in Distanz setzte zu seinem persönlichen Erfahrungshintergrund, wie er gesellschaftliche Vorgänge mit kritischem Blick analysierte und diese Kritikfähigkeit zu seinem Schreib- und Produktionsprinzip entwickelte. Eine Art Zwischenbilanz bietet im Zusammenhang dieser Umbruchs- und Übergangsphase die satirisch angelegte Erzählung *Mein Freund hat seine eigenen Ideen* aus dem Jahr 1949. Bereits die ersten Sätze demonstrieren den qualitativen Sprung, den Böll zu leisten hatte: vom emphatisch beschworenen Erlebnis des Krieges zum ironischen Selbstbild des Schriftstellers als junger Mann: »Mein Freund hat seine eigenen Ideen. Er ist ein Dichter. Er teilt die Dichter in vier Kategorien ein. Erstens, sagt er, gibt es die, die etwas können und Erfolg haben, dann kommen die, die etwas können und keinen Erfolg haben. Die dritte Sorte sind solche, die nichts können und Erfolg haben, und endlich die armen Schlucker, die weder etwas können noch Erfolg haben.« (KA 4, 275) Der inhaltlichen Spannung zwischen dem Erzähler und seinem Dichter-Freund, zwischen erzählendem Ich und erzähltem Er, entspringt ein überaus produktiver literarischer Spielraum. Er ist angefüllt mit Beobachtungen zum gesellschaftlichen und häuslichen Alltag, mit Details aus dem Universum der Arbeit und des Müßiggangs, mit Notizen zur

Welt der Reichen und der Unterprivilegierten und mit Berichten aus der Werkstatt des Schreibens und Lektorierens. Er setzt sich zusammen, dieser Spielraum, aus Farbigkeit und Nichtigkeiten, Kapriolen und Banalitäten, Momentaufnahmen und Nuancen, die zu einem Porträt der künstlerischen Nachkriegsboheme verdichtet sind, in einer teils satirischen, teils sarkastischen Tonlage, die Hoffnungsschimmer ebenso bestimmen wie desillusionierende Akzente.

Dieser Grundton findet sich auch in der Erzählung *Die schwarzen Schafe*, mit der Böll 1951 auf einer Tagung der Gruppe 47 in Bad Dürkheim reüssierte. Eingeladen hatte zu diesem Treffen der Begründer und *spiritus rector* der Gruppe, ihr legendärer Matador und unumstrittener Chef Hans Werner Richter, der seine Einladungen, meist angeregt durch Hinweise von Kollegen, aus eigenem Impuls aussprach. So auch, auf Vermittlung von Janheinz Jahn und Alfred Andersch, im Fall Heinrich Bölls, der am 2. April 1951 einen Einladungsbrief mit dem kargen Wortlaut erhielt: »Sehr geehrter Herr Böll, die Tagung der Gruppe 47 findet vom 3.–7. Mai in Bad Dürkheim, Heim für internationale Begegnung, Dr.-Kaufmann-Straße, statt; der 3. ist Anreise-, der 7. Abreisetag. Wir würden uns sehr freuen, Sie dort zu treffen.« (KA 5, 399) Böll ist dieser Einladung gern gefolgt, das versteht sich von selbst. Seine Erzählung *Die schwarzen Schafe* stellt eine Variation jenes Typus dar, der mit *Mein Freund hat seine eigenen Ideen* strukturell bereits vorlag. Auch hier geht es inhaltlich um Armut und Reichtum, Illusion und Lebenskunst, auch hier handelt es sich formal um eine Mischung aus Ironie und Satire, die ihren Reiz aus einer spannungsreichen Distanz bezieht: der des Ich-Erzählers zu seiner Umgebung und zu sich selbst, dem ›schwarzen Schaf‹ der Familie. Dieser Plot wird variantenreich entfaltet und durch eine überraschende Schlusswendung pointiert.

Böll erhielt für diese Kurzgeschichte den mit 1000 D-Mark dotierten Preis der Gruppe 47. Die Begeisterung war einhellig, unter den auf der Tagung anwesenden Kollegen ebenso wie bei den Vertretern der Literaturkritik. An seiner Erzählung wurde »ein neuer Ton« wahrgenommen: ihr Humor. Er entsprang der Bereitschaft der jungen Autoren, sich Themen und Formen auf innovative Weise zuzuwenden, mit einer prinzipiellen Offenheit für neue Wahrnehmungen, die zugleich den Abschied von traditionellen Stoffen und Schreibweisen signalisierten. Die deutsche Sprache wurde für die junge Generation in zunehmendem Maß »Material, fast in physikalischem Sinne ein Experimentierstoff«, der literarische Umgang mit Sprache daher »per se ein Experiment« (KA 25, 144 f.). Man kann auf einzelne Erzählungen Wolfgang Borcherts ebenso verweisen wie auf zeitgenössische Texte Wolfdietrich Schnurres, vor allem aber auf das Frühwerk Arno Schmidts, das diese Tendenz am entschiedensten repräsentiert.

Die Kurzgeschichten Bölls bildeten den Auftakt zu

einer ganzen Reihe von Texten mit hintergründigem Humor und tiefsinnigem Charme, charakteristisch und repräsentativ für die neue Literatur insgesamt. Der Autor hat sich diesen ironisch-satirischen Grundton in den berühmtesten seiner Kurzgeschichten aus den 1950er-Jahren bewahrt, so etwa in *Nicht nur zur Weihnachtszeit* (1952) und in *Doktor Murkes gesammeltes Schweigen* (1955/1958). Sie zeigen frühzeitig seine ungewöhnliche Begabung: die nämlich, aus gesellschaftlich vorgefundenem ›Material‹ spielerische und hintergründige, ironische und humorvolle Funken zu schlagen, die Licht nicht nur auf die unmittelbare Nachkriegszeit werfen, sondern in vergleichbarer Weise auch voraus auf spätere Epochen. Auf diese Weise sind sie zu Klassikern der deutschen Literatur geworden.

Den Weg Bölls als Schriftsteller begleiteten und förderten seit jener Tagung der Gruppe 47 eine Reihe von Vereinigungen und Institutionen. Umgehend erreichten ihn mehrere Angebote für Drucklegung und Übersetzungen. Sein Name ging durch die Presse, man bat ihn um weitere Texte, Verlage umwarben ihn, Rundfunkanstalten nahmen seine Arbeiten in ihr Programm auf. 1951 hatte Böll, noch aufgrund seiner Verbindung zu Alfred Andersch, gerade einmal zwei Hörfunksendungen im Südwestfunk Baden-Baden unterbringen können, 1952 waren es bereits sieben, ein Jahr später schon 22 Arbeiten, die Aufnahme ins öffentlich-rechtliche Programm fanden, darunter auch in das des Nordwestdeutschen Rundfunks mit seiner großen Reichweite. Der Rundfunk wurde »zum Mäzen der jungen deutschen Literatur« (KA 25, 442). Binnen zwei Jahren war Heinrich Böll zu einem bekannten Autor geworden.

Allerdings war die Gruppe 47 weder die Ursache noch der Garant seines Erfolges. Zwar nahm Böll Hans Werner Richters Einladungen vergleichsweise häufig an, insgesamt neunmal in den Jahren 1951, 1953, 1954, 1955, 1957 und 1965. Zwar las er wiederholt aus neueren Arbeiten – so 1953 in der Laufenmühle (vermutlich aus *Wo warst du, Adam?*), 1953 auf Burg Berlepsch (*Nicht nur zur Weihnachtszeit*), 1955 auf Cap Circeo / Italien (*Irisches Tagebuch*) und 1957 in Niederpöcking (*Hauptstädtisches Journal*). Zwar bekannte er sich in öffentlichen Äußerungen stets zur Gruppe 47. Doch er wahrte ihr gegenüber immer auch eine gewisse Distanz, die sich mit dem zunehmenden Öffentlichkeitsfaktor der Tagungen verstärkte. Seine Skepsis kommt etwa in dem 1965 in der Zeitschrift *Merkur* veröffentlichten Essay *Wer hat Angst vor der Gruppe 47?* zum Ausdruck. Hier sieht Böll die Gruppe 47 »in der wirklichen und einzigen Gefahr, eine Institution zu werden und eine Funktion zu übernehmen; also: zu funktionieren« (KA 14, 335). Die Gruppe 47 war, wie Böll in seinem Essay moniert, nicht nur »ganz und gar ungefährlich« geworden, sondern sie hatte auch politische Anpassungsprozesse vollzogen, vor allem an die SPD. Sie hatte sich im Lauf der Jahre nicht nur zu einem literarischen Markt entwickelt, sondern sie hatte sich sogar als Aushängeschild der deutschen Kultur in Dienst nehmen lassen, als kulturelles Markenzeichen, aus dem sich (außen)politisch Kapital schlagen ließ. Bölls Weigerung in einem Brief an Hans Werner Richter vom 19. Februar 1966, an der Tagung der Gruppe 47 in Princeton teilzunehmen, fasst seine Distanz, seine Skepsis und seine Widerstände deutlich zusammen: »[D]ie Vorstellung, dass die Bundesrepublik – was unvermeidlich ist – aus unserem Besuch dort politisch Kapital schlagen wird, verschafft mir eine Gänsehaut! Denn wenn wir auch dort unsere ›ach so bewährten kritischen‹ Texte vorlesen, gerade dadurch verschaffen wir diesem Land ja in den USA den Ruf eines freien Landes. Eine fürchterliche Vorstellung! Das einzige, das ein Schriftsteller hier tun kann: den außenpolitischen Kredit der Bundesrepublik in den USA (in dem einzigen Land, wo sie diesen Kredit genießt!) abbauen, abbauen! Und gerade dadurch, dass wir dort kritische Texte lesen, stärken wir ja ihren Ruf, den sie nicht verdient hat!«

4 ›Körper‹ versus ›Körperschaft‹
Glaube und Kirche

Wenn es im Leben Heinrich Bölls – inmitten der Erschütterungen durch Krieg und Nachkrieg ebenso wie während kräftezehrender Auseinandersetzungen um seine Person und sein Werk – eine Konstante gegeben hat, die ihm Orientierung im Sinn einer ›Heimat‹ bot, dann war es sein Glaube. Aufgewachsen inmitten einer Familie überzeugter Katholiken, orientierte er sich nicht an politischen, gesellschaftlichen oder ideologischen Heilsversprechen, um seinen Weg zu finden. Vielmehr lebte er schon während des Krieges in der Gewissheit, »daß Gott mich im Auge hat und mich behütet; und ich glaube auch, daß er seinen Plan hat« (KB 302). Eine Überzeugung, die ihn über die demütigenden und entbehrungsreichen Erfahrungen des Gefreitendaseins ebenso hinwegtröstet wie über die Depressionen, Verzweiflungen und Verlorenheitsgefühle in jenen Jahren. Die als »Gnade« empfundene Verbindung zur Una Sancta, zur heiligen und apostolischen römisch-katholischen Kirche, weckt in dem jungen Soldaten den Wunsch, den »neuen Geist« einer christlichen Kultur in Europa ins Leben zu rufen. Und es war kein Widerspruch, sondern eine notwendige Konsequenz seiner religiösen Überzeugungen, dass er diesen in jenem Augenblick den entschiedensten Ausdruck verlieh, als er sich von der römisch-katholischen Kirche trennte.

Am 6. Januar 1976 entwarf Heinrich Böll für sich und seine Frau Annemarie den Text einer Erklärung, die den Austritt des Ehepaares aus der römisch-katholischen Kirche besiegeln sollte. Drei Tage später, am 9. Januar 1976, erklärten beide ihren Kirchenaustritt formell; einen weiteren Monat später, am 9. Februar 1976, wurde dieser rechtswirksam; am 17. Februar 1976 bescheinigte das Amtsgericht Düren ihnen offiziell den »Austritt aus der katholischen Kirche«. Eine persönliche Entscheidung und ein privater Schritt, so könnte man sagen, und der Erwähnung schon aus statistischen Gründen nicht wert. Denn die Zahl der Austritte aus der Kirche war seit Ende der 1970er-Jahre generell rasch angewachsen: Innerhalb von knapp 40 Jahren verzeichnete man einen Rückgang der in der römisch-katholischen Kirche organisierten Christen um 32 Prozent. Der Austritt der Bölls war also im Jahr 1976, blickt man allein auf die Statistik, gewiss kein ungewöhnliches Ereignis.

Der Wortlaut der Erklärung aber, die Böll verfasste, gibt, so unprätentiös sie zunächst auch erscheinen mag, Anlass zum Nachdenken über die Gründe, die seinerzeit zum Kirchenaustritt geführt haben. Der Text lautet: »Wir erklären hiermit unseren Austritt aus der römisch-katholischen Kirche in ihrer Eigenschaft als Körperschaft des öffentlichen Rechts.« (KA 25, 787) Aus der gewählten Formulierung geht hervor, dass Böll sich mit seinem Austritt von der römisch-katholischen Kirche *als Institution* trennen wollte. Der Begriff »Körperschaft« hebt als juristische Abstraktion – im Unterschied zum »Körper« als einer biologisch wie anthropologisch, metaphorisch wie symbolisch konkreten, lebendigen und organischen Einheit – einen Zusammenschluss von Personen mit rechtsfähigem Charakter hervor. Tatsächlich verbirgt sich hinter der Differenzierung zwischen »Körper« und »Körperschaft« mehr als nur ein sophistisches Spiel mit Worten. Verschiedentlich hat Böll betont, dass er die »Institution, die Amtskirche« von dem »mystischen Leib« der Kirche unterscheide (KA 24, 371). Noch 1982, sechs Jahre nach seinem Kirchenaustritt, bestand er ausdrücklich auf dieser Differenzierung: »Zum Körper rechne ich mich noch zugehörig, zur Körperschaft organisierter Deutscher Katholizismus nicht.« (KA 26, 147)

Begibt man sich auf die Suche nach Gründen für diesen Austritt, so stößt man auf eine vier Jahrzehnte während Geschichte immer wieder krisenhaft aufflammender, mit den Jahren zunehmend sich verschärfender Auseinandersetzungen mit der Amtskirche. Sie gehen zurück auf ein Bildungs-, ja: Erweckungserlebnis. 1936 gehörte der Gymnasiast Heinrich Böll zu einem Diskussionskreis um den Geistlichen Robert

Grosche, der sich mit Glaubensfragen befasste, insbesondere mit Positionen des *renouveau catholique,* einer radikalen konservativen Richtung des französischen Katholizismus, die auf eine Erneuerung des Glaubens aus dem Geist eines ursprünglichen Christentums setzte. Durch diesen Kreis kam Böll in Berührung mit Werken von Paul Claudel, Georges Bernanos, François Mauriac und, dies vor allem, von Léon Bloy. 1934 hatte die katholische Zeitschrift *Hochland,* die auch Böll zugänglich war, einen Auszug aus *La femme pauvre* (1397) veröffentlicht. Durch den Kreis um Grosche lernte Böll *Le Salut par les Juifs* (1892; dt. *Das Heil durch die Juden,* 1953) und *Le Sang du Pauvre* (1910; dt. *Das Blut des Armen,* 1936) kennen, das der junge Böll in der Übersetzung von Karl Pfleger las. Die Lektüre des Werks Ende des Jahres 1936 schlug »wie eine Bombe« (EA 21, 429) in sein Leben ein. In einem Brief vom 3. Dezember 1940 bekannte er, »in diesem Winter 1936/37, der entscheidend für mein Leben war«, durch Léon Bloy »gerettet« worden zu sein: »durch diesen Mann, den ich am meisten liebe von allen, die je in Europa Bücher geschrieben haben« (KB 137 f.).

Böll stand mit seiner Begeisterung für Bloy in dieser Zeit durchaus nicht allein. Bereits im März 1932 war in der Wochenschrift *Die literarische Welt* eine »Revue der gangbarsten zum großen Teil auch im Deutschen bekannten Redensarten« aus der Feder Léon Bloys erschienen, in der Auswahl und Übersetzung Walter

Benjamins, darunter die Texte »Ein bisschen was auf die hohe Kante legen«, »Wo nichts ist, hat der Kaiser sein Recht verloren« und »Armut ist kein Laster«. Zur selben Zeit befassten sich auch Carl Schmitt und Ernst Jünger mit diesem »Pilger des Absoluten« (Alexander Pschera). Bereits im Dezember 1932 hatte der Staatstheoretiker dem Schriftsteller *Le Salut par les Juifs* zukommen lassen – seither fanden beide in unregelmäßigen Abständen Gelegenheit zu teils beiläufigen, teils konzentrierten Kommentaren, Jünger am ausführlichsten in seinen Tagebüchern *Gärten und Straßen* (1942) und *Strahlungen* (1949). Zweifellos besaß Léon Bloy zu Beginn der 1930er-Jahre für einen Teil der intellektuellen Elite in Deutschland eine gewisse Attraktivität.

Im Hinblick auf Heinrich Böll stellt sich die Frage: Wie konnte ein junger Mann im Alter von 19 Jahren durch die Werke eines in Deutschland nur wenig bekannten Franzosen erschüttert werden, der als theologischer Außenseiter galt, als Exzentriker der Bibelexegese, als Apokalyptiker und Prophet der Heilsgeschichte? Der für seine Verklärung der Armut, wie sie mit seinem Buch *Das Blut des Armen* vorlag, das Elend seiner Familie und den Hungertod der eigenen Kinder in Kauf genommen hatte? Der in seinem Buch *Das Heil durch die Juden* eine empathische und emphatische Deutung des jüdischen Leidens in der Welt bot, die sich auf eine höchst widerspruchsvolle Weise mit dem Rassismus und Antisemitismus in Deutschland verband? Dessen mystische Sprache den Zugang zu seinem Denken eher erschweren musste, als dieses seinen Lesern zu erschließen? Und der in seinen Werken sich selbst zum Verkünder des Absoluten inmitten einer gottlosen und frevelhaften Welt erhoben hatte?

Liest man Bloy vor dem Hintergrund solcher Fragen, so lautet eine der möglichen Antworten: Der unorthodoxe und unbequeme Franzose war für den unangepassten und unruhigen Deutschen eine Art Antidot, ein habituelles und religiöses Gegengift, das sich wirksam gegen die alltäglich erfahrene Sinnleere wie gegen die allenthalben wahrnehmbare ideologische Gleichschaltung aufbieten ließ. »Wir entwickelten eine bis zur Hysterie gesteigerte Arroganz, Frivolitäten und Blasphemien gegen Institutionen und Personen und brauchten keinen Alkohol, Worte genügten« (KA 21, 426), heißt es im Blick auf die 1930er-Jahre in der 1981 erschienenen Lebensbilanz *Was soll aus dem Jungen bloß werden?*. »Zu Hause war's durchaus nicht immer ›gemütlich‹: dieses explosive Gemisch aus kleinbürgerlichen Resten, Bohème-Elementen und proletarischem Stolz, so recht keiner ›Klasse zugehörig‹, und doch eben nicht de-, sondern hochmütig, also fast schon wieder ›klassenbewußt‹. Und natürlich, natürlich trotz allem katholisch, katholisch, katholisch.« (KA 21, 433 f.) Für die zu diesem Zeitpunkt »rettende« Lektüre Bloys war Böll also durch seine Herkunft wie durch seine Umgebung prädestiniert, nicht zuletzt durch den puritanischen Geist eines häretischen, »jansenistisch gefärbten Katholizismus«. Dessen »volkstümliche Form« hielt »reine Düsterkeit und Höllenfurcht mit anankastischen religiösen Praktiken« (KA 26, 192) bereit. Zwar wurde der junge Böll nicht in diesem Geist erzogen, doch hat er ihn nach eigenem Bekunden in seinem nonkonformistischen Elternhaus gleichsam »in den Knochen« (KA 26, 239) gespürt.

Bei Léon Bloy fand Böll, was er in dieser Lebenssituation suchte und brauchte. *Das Blut des Armen* ist kein in sich geschlossener Text, sondern eine Sammlung von essayistischen Miniaturen. Man kann sich vorstellen, dass diese religiösen und theologischen, gesellschaftlichen und politischen, historischen und geistesgeschichtlichen Momentaufnahmen die Diskussionsrunden jener »unvergessene[n] und auch unvergeßliche[n] Abende« (Böll) im Haus des Priesters Grosche nicht nur inspirierten, sondern geradezu entzündeten. Bloys Texte setzen sich mit der Kolonialgeschichte ebenso auseinander wie mit ökonomischen Themen, mit Napoleon und dem Imperialismus, mit der Amtskirche und dem Mietwucher, der Ausbeutung oder der Judenfrage. Der Vielfältigkeit der Themen entspricht die Vielfalt der Tonlagen. Der sozialkritische Bericht steht neben der Satire, die dialektische Reflexion neben der Bibelexegese, zusammengehalten durch einen archaischen, durchaus herrischen Erzähler, der seinen unorthodoxen theologischen Skizzen märchenhafte Elemente einzufügen weiß, Exkurse in die mittelalterliche Geschichte oder auch statistische

Materialien, der mit Zitaten und Selbstzitaten arbeitet und den Kapitelüberschriften teils ironische, teils tiefsinnige Mottos an die Seite stellt.

Durchweg bestimmend bleibt inmitten dieses endzeitlichen Panoramas das Grundmotiv der Armut, das, aufgerufen im Zeichen des biblischen Hiob, dem »Kreuz des Elends« in Gestalt eigenwilliger Bestimmungen entgegengesetzt wird: »Die Armut sammelt die Menschen, das Elend trennt sie, weil die Armut zu Jesus gehört und das Elend zum Heiligen Geist. Die Armut ist das Relative – Mangel an Überflüssigem. Das Elend ist das Absolute – Mangel an Notwendigem. Die Armut wird gekreuzigt, das Elend ist das Kreuz selbst. Jesus trägt das Kreuz, das heißt die Armut trägt das Elend. Jesus am Kreuz, das ist die Armut, die auf dem Elend verblutet.« An solche abgründigen apodiktischen Deutungen biblischer Bilder schließen sich, vorgetragen mit teils polemischer, teils sarkastischer Verve, ebenso lebensnahe wie erfahrungsgesättigte Exegesen an, in denen die Wahrheit der Bibel – so wie Bloy sie liest und versteht – gegen die Welt der »eleganten«, gottfernen Priester ausgespielt wird. Der auf den Wortlaut und die Bilderwelt der Bibel sich beziehende Fundamentalismus verbindet sich mit dem unnachsichtigen Verdikt über alle kirchlich-institutionellen Formen der Veräußerlichung des Glaubens. Beide Perspektiven entfaltet Bloy in einer Rhetorik der Apokalypse, in Szenarien der Qual und des Leidens, des Untergangs und des Grauens, die den Visionen auf dem Weltuntergangs-Triptychon eines Hieronymus Bosch in nichts nachstehen.

Der junge Böll hat sich diesem Apokalyptiker in einer heute kaum mehr nachvollziehbaren Nähe verbunden gefühlt. »Ist es nicht sonderbar«, so schrieb er noch zu Beginn des Jahres 1942, »daß Léon Bloy im November 1917 gestorben ist und ich im Dezember 1917 geboren wurde?« (KB 285) – eine symbolische Koinzidenz, durch die er sich dem anarchischen Häretiker ein Leben lang verbunden wusste. Ausführlich berichtet er in zahlreichen seiner *Briefe aus dem Krieg* von seinen Bloy-Lektüren während einiger Paris-Besuche im besetzten Frankreich. Sie bringen sich im frühen literarischen Werk, also den zu Lebzeiten unveröffentlichten Texten des noch unbekannten Autors, ebenso zur Geltung wie im *Brief an einen jungen Katholiken* (1958) oder in essayistischen Arbeiten der späteren Jahre. Der Hessische Rundfunk sendete 1952 in seinem »Abendstudio« ein Feature Bölls über Bloy unter dem Titel *Existenz in Gott und in der Armut*. In den Jahren 1952 und 1953 setzte er sich in Rezensionen mit neuen deutschsprachigen Werkausgaben des Franzosen auseinander. Allein im Jahr 1953 findet Bloy Erwähnung in dem Roman *Am Rande,* in einem Rundfunkfeature über Robert Morel, in einer Rezension zu Walter Mehrings Autobiografie *Die verlorene Bibliothek* und in dem – seinerzeit nicht gesendeten – Hörspiel *Glück haben und glücklich sein.* In seinem Essay *Karl Marx* (1960) hebt Böll Übereinstimmungen zwischen dem radikalen Katholiken und dem radikalen Kommunisten hervor. 1978 nimmt er in eine Anthologie mit dem Titel *Mein Lesebuch* das 10. Kapitel »Die Büchse der Pandora« aus Bloys *Das Blut des Armen* auf. Zwar räumte Böll in seinem *Brief an einen jungen Katholiken* (1958) ein, Bloy wegen dessen Hasses auf die Deutschen im Ersten Weltkrieg »preisgegeben« zu haben. Doch noch 1978 nannte er gesprächsweise die »im Grunde kritische Schilderung des bürgerlichen katholischen Milieus, die sehr kritische Schilderung des Klerus und seiner Verstrickungen« aus dem Umkreis des *renouveau catholique* und insbesondere Léon Bloys rückblickend eine »Befreiung« (KA 25, 320). Diesen »ungeheuren Einfluß« (KA 25, 319) bewirkte Bloys einzigartige Verbindung von religiösem Fundamentalismus und scharfsinniger Institutionenkritik.

Eine aufschlussreiche Nachwirkung seiner Bloy-Lektüren findet sich in einem von Böll für das Dritte Programm des WDR-Fernsehens (29. Dezember 1971) vorbereiteten Film mit dem Titel *Die Sprache der kirchlichen Würdenträger* (KA 18, 23–36). Hier geht es nicht nur um Amtsträger der römisch-katholischen Kirche (Bischof Tenhumberg, Kardinal Döpfner, Professor Karl Forster), sondern auch um hohe evangelische Geistliche (Bischof Dibelius, Präses Scharf, Präses Beckmann), deren Anspruch, »zu wichtigen Problemen Stellung zu nehmen und Rat zu erteilen«, anhand ihrer konkreten sprachlichen Äußerungen überprüft wird. Das Resultat ist vernichtend: »nichtssagend«

und »vieldeutig« – so Böll – fallen die Antworten aus, wo es um die Frage nach der römisch-katholischen Kirche als »Interessenvertretung« geht, und nicht anders – »miserabel« nämlich – verhalte es sich mit Äußerungen der Protestanten zu »politischem System und ökonomischen Verhältnissen«. »Verwirrend und unheilvoll«, ja »unbrauchbar« nennt der Dichter die Äußerungen der katholischen wie der evangelischen Kirche zur »lebenswichtigen Frage« der Geburtenregelung. Wo es um die Beteiligung des Münchner Weihbischofs Defregger an Kriegsverbrechen in Italien geht, flüchten sich die Repräsentanten der Kirchen in Unverbindlichkeiten zur menschlichen Sündhaftigkeit. Wo es um die »Verkündigung und Interpretation des Wortes« gehen müsste, nehmen die Vertreter der religiösen Institutionen Zuflucht bei der »nichtssagenden Wörtlichkeit« demoskopischer Institute. Und wo es bei einer der »wichtigsten Fragen« des Glaubens überhaupt, dem »Bibelverständnis«, erforderlich wäre, die »Bildhaftigkeit« zu erhalten, »die über Jahrhunderte hinweg der kirchlichen Sprache Kraft verlieh, die einleuchtend war, verständlich, und für die verschiedensten Epochen der Menschengeschichte auslegbar«, da verliert »[a]uf der Suche nach einer mißverstandenen Modernität […] die kirchliche Sprache das, was sie überzeugend machen könnte: Gegenwärtigkeit«.

Böll hat sich einige Jahre später, 1974, in seiner Dankrede anlässlich der Verleihung der Carl-von-Ossietzky-Medaille durch die Internationale Liga für

Menschenrechte im Jüdischen Gemeindehaus in Berlin, bei Bischof Kurt Scharf wegen der Schärfe seines Angriffs ausdrücklich entschuldigt. Und doch lässt sich im Rückblick feststellen: Der Schriftsteller analysiert die »Sprache der kirchlichen Würdenträger« mit einer Akribie, die approbierten Philologen ebenso zur Ehre gereicht hätte wie ausgewiesenen Hermeneuten und die man noch heute überzeugend nennen kann. Dies gilt etwa für die manipulative Montage von Versen aus zwei verschiedenen Kapiteln der Apostelgeschichte zu einem in sich geschlossenen Zitat durch Kardinal Döpfner. Wegretuschiert werde hier, so Böll, »der eindeutige Hinweis auf die Hinfälligkeit und Verwerflichkeit des Privateigentums«, und der in der Bibel anschaulich geschilderte »Zusammenhang zwischen Einmütigkeit, Liebe, Gemeinschaft und Verzicht auf Privatbesitz wird unterschlagen« – ein »Musterbeispiel« dafür, »wie man Bibelzitate ihres gesellschaftspolitisch brisanten Inhalts beraubt und sie in eine unverbindliche Humanität hineinmanipuliert«. Das Fazit dieser Untersuchung liest sich, kaum verwunderlich, wie eine vorbereitende Begründung des fünf Jahre später erfolgten Kirchenaustritts: »Ihre Sprache, die Sprache der kirchlichen Würdenträger, ist die Sprache von Kontaktlosen oder zumindest Kontaktgestörten.«

Es geht bei Bölls Auseinandersetzungen mit der Amtskirche offenkundig nicht um einen religiösen Konflikt. Sondern es handelt sich um ein politisches und gesellschaftliches und in diesem Kontext um ein spezifisch deutsches Problem. »Unser Austritt aus dieser Körperschaft [...] hat mit dem deutschen Katholizismus zu tun. Wenn ich Schwede wäre, Engländer, Italiener, Franzose, Pole, Ungar oder Norweger, katholisch, hätte ich das nie getan«, so Böll 1979 in jenem Gespräch, in dem er diesen Schritt öffentlich machte: »Das ist wichtig, der nationale Unterschied.« (KA 25, 616) Die römisch-katholische Kirche in Deutschland, die nach Bölls Wahrnehmung immer schon »straff organisiert« war, »hat politisch und gesellschaftlich eine ausgesprochen reaktionäre und militante Haltung nach dem Krieg eingenommen, hat es trotz gewisser erheblicher Kollaboration mit dem Nazismus verstanden, sich als verfolgt darzustellen, hat entsprechend auch finanziell abgestaubt und hat eine verheerende gesellschaftlich-politische Wirkung gehabt«. Eine Wirkung, die nicht nachgelassen, sondern – wie Böll 1982 gesprächsweise betonte – ganz im Gegenteil immer mehr zugenommen habe: »Die Entwicklung des korporierten deutschen Katholizismus seit unserem Austritt hat unsere Reue immer geringer gemacht.« (KA 26, 148 f.)

Eine Art Gegenmodell zur römisch-katholischen Kirche in ihrer Eigenschaft als Körperschaft des öffentlichen Rechts bot Böll für eine gewisse Zeit das Politische Nachtgebet, eine 1968 während des Essener Katholikentages begründete Initiative, die als ökumenische Basisbewegung wirkte. Es war ein Experiment, in dem sich Glaube und Politik, christliches Weltbild und politisches Engagement in praktischer Arbeit finden und füreinander produktiv werden sollten. Böll engagierte sich zugunsten dieser Initiative, die seit Oktober 1968 jeden Monat in Köln zusammenfand, im Rahmen eines Ökumenischen Arbeitskreises. Er trat für sie mit seinem Namen, seinen Erfahrungen und seiner Autorität ein, vermittelte in Konflikten mit kirchlicher Bürokratie und Verfassungsschutz und beriet sie in Fragen der Öffentlichkeitsarbeit. »Wir empfanden Heinrich Böll«, so die Theologin und Mitbegründerin Dorothee Sölle, »wie einen Vater in unserem Kreis des Politischen Nachtgebets in Köln.« Dass ein solches Modell – am Politischen Nachtgebet beteiligten sich bis zu 1000 Besucher – auf Widerstand innerhalb der kirchlichen Hierarchie traf, versteht sich von selbst. Und ebenso, dass Böll hierin eine Bestätigung seiner über lange Jahre hinweg gewachsenen Vorbehalte gegenüber der Amtskirche sehen musste.

Sein späterer Lektor Dieter Wellershoff hat in einer Würdigung mit dem Titel »Das richtige und das falsche Leben« von einer Wirklichkeitswahrnehmung Bölls gesprochen, »in der reich und arm, oben und unten als unvermischte Wesenheiten einander gegenüberstanden«. Dabei handele es sich, so Wellershoff, um die »Umwertung der Jahre von Not und Mangel in eine franziskanische Utopie« – ein Muster, in dem sich Bölls Weltsicht mit der Konzeption seiner Werke zwanglos verbindet. In seinem Roman *Und sagte kein einziges Wort* (1953) hatte er das Ideal einer utopischen

Gemeinschaft gesellschaftlich aktiver, gläubiger Menschen literarisch entworfen. Im Mittelpunkt steht hier ein Ehepaar, das sein Leben unter erbärmlichen Umständen fristet, ein schwacher und unsicherer Mann, krank geworden durch Armut, eine Frau, die allein aus ihrem Glauben lebt. Sie bedarf nicht der Messe, nicht der Sakramente, um ihren Weg zu Gott zu finden. Allein aus ihrem Glauben heraus versucht sie ihren labilen Mann zurückzugewinnen für ein Christentum diesseits aller kirchlichen Rituale. Den prototypischen Gegenspieler zu diesem Ideal stellt ein Bischof dar (»Sein Asketengesicht war photogen. Es eignete sich gut als Titelblatt für religiöse Illustrierte.«), ein Dante-Forscher mit freundschaftlichen Kontakten zu hohen Repräsentanten der weltlichen Macht und Zugang zu deren großzügigen Wohnungen und opulenten Bibliotheken. All diese Eigenschaften charakterisieren ihn im Kern als einen Bourgeois von Bildung und Besitz, ohne Kontakt zu den sozial Schwachen, deren Lebensgrundlage die Armut bildet und deren Lebensziel die Überwindung und Aufhebung der Entfremdung zwischen den Menschen bleibt.

Eine Fortschreibung dieser Auseinandersetzung findet sich in Bölls Roman *Ansichten eines Clowns* (1963). Es handelt sich um eine Auseinandersetzung mit dem Nachkriegskatholizismus aus der Ich-Perspektive einer Künstlerfigur, die sich ziellos durch die Bonner Republik bewegt, eine Allegorie der Orientierungslosigkeit in Fragen des Glaubens und der Irreführung und zugleich der Versuch einer grundsätzlichen Kritik der Kirche als Institution. Ausdrücklich hat Böll darauf verwiesen, dass dieser Roman die Fortschreibung und Fortsetzung der Zeitschrift *Labyrinth* war, die er in den Jahren 1960 bis 1962 gemeinsam mit Werner von Trott zu Solz, HAP Grieshaber und Walter Warnach herausgegeben hatte (KA 20, 227). Es war der Versuch, inmitten des gesellschaftlichen Labyrinths der 1950er- und 1960er-Jahre einen Ariadnefaden der geistigen Orientierung auszulegen. Die Titelfigur Hans Schnier zieht sich am Ende des Romans, mitten im Karneval, mit seiner Gitarre und einer letzten Zigarette auf eine Bahnhofstreppe zurück, einsam und gescheitert. Der viel gelesene Roman – er erzielte bis heute eine Gesamtauflage von 1 855 000 Exemplaren und wurde in 38 Sprachen übersetzt – zeigt ein Labyrinth ohne Ausweg. Wenn der eigenwillige, verletzte Blick des Clowns den Lesern auch keine Orientierung bot, so gab er ihnen doch Anlass zur ironischen Wahrnehmung der bundesrepublikanischen Wirklichkeit und der Welt des Katholizismus.

5 Die Stadt der alten Gesichter
Köln als literarischer Lebensraum

Zentrales Thema, Fluchtpunkt und Leitmotiv des Erzählens: All dies ist die Metropole am Rhein zeit seines Lebens für Heinrich Böll zweifellos gewesen. Ein
Fluchtpunkt biografischer Entwicklungslinien, ein
Leitmotiv ständig sich erneuernder Selbst- und Welt-
erkenntnis, ein Thema, das wie kein anderes seinem
Erzählen Fülle bot und der Reflexion Stoff. Aber war
Köln auch seine »Heimat«-Stadt? Böll selbst sprach
1953 von »meiner Liebe zu dieser Stadt«, die zudem
die Aura der Geborgenheit ausstrahle: »Köln ist eine
Großstadt – gewiß –, aber das sagt nicht viel: es ist
eine Stadt, und in einer Stadt fühlt man sich zu Hause«
(KA 7, 88 f.). Fast ein Idyll also. Doch Böll fügte diesem
Idealbild einige Jahre später eine bezeichnende Differenzierung an: »Aber wenn Sie mich nach Heimat fragen«, sagte er 1970 in einem Gespräch mit Alexander
Mitscherlich, Günter Grass, Eugen Lemberg und Norbert Blüm, »denke ich an das Köln vor [19]33, das Köln
meiner Kindheit und meiner Jugend. Ein zweites Köln
war schon das Köln zwischen 1933 und 1939, also ein
von Nazi-Gauleitern und SA-Truppen bestimmtes. Das

dritte Köln war das zerstörte Köln, ein viertes ist das wiederaufgebaute.« Köln ist für Böll, wie diese Bemerkung zeigt, eine durch und durch historisch geprägte Stadt, und so verbindet sich die Vorstellung dessen, was ›Heimat‹ heißen könnte, für ihn auch nicht mit Gegenwartsimpulsen, sondern mit Erinnerungen an die Vergangenheit. Diese zeigen: Von einem städtischen »Zuhause«, gar von »Liebe« – in einem emphatischen Sinn –, kann im Ernst kaum die Rede sein. ›Zwiespältig‹ wäre wohl das treffendere Wort.

Dieses zwiespältige Lebensgefühl bringt sich schon in den ersten Briefen zur Geltung, die der zum aktiven Wehrdienst einberufene Soldat aus Osnabrück an seine Eltern und Geschwister schreibt. Die Menschen und ihre Sprache, die Häuser und Gärten, Straßen und Viertel, die Geschichte und die Architektur der Stadt – dies sind urbane Zeichen, die zu Reflexionsmedien eines Ich auf dem Weg zu sich selbst werden. Sie setzen in dem angehenden Autor Impulse des Schreibens und Denkens frei, aber sie sind ihrerseits nicht frei von Irritationen und Ängsten, die mit dem fortschreitenden Krieg zusammenhängen. Köln wird hierfür zum Spiegel. Das Urteil, über die Stadt wie über den jungen Soldaten, fällt keine zwei Jahre nach der Einberufung zum Kriegsdienst vernichtend aus: »Eben bin ich durch Ehrenfeld gebummelt, auf der Suche nach Zigaretten«, heißt es beispielsweise am 5. Mai 1941: »ach – ich wußte nicht, daß es in Köln so gottlos viel jammer- und verzweiflungsvolle Straßen und Viertel gibt; in

meiner krankhaften Nikotinsucht bin ich lange um-
hergeirrt …« (KB 185). In vergleichbarer Weise wird
auch in anderen brieflichen Notizen deutlich, dass die
Stadt Köln nicht frei von Verstörung ist, dass dieses
Zuhause keine Unbeschwertheit bietet, dass die Sub-
limierung vor Bedrückung nicht schützt. »Weißt du
noch«, erinnert sich der junge Soldat am 22. April
1941 in einem Brief an seine damalige Verlobte, »wie
wir einmal am Rhein spazieren gewesen sind und
die alte Frau gesehen haben an jener alten Villa zwischen den hohen, dunklen Bäumen und wie wir später an derselben Stelle darüber gesprochen haben, wie
wir uns beide in einer wilden Weise angezogen fühlen von solchen dunklen, alten Häusern in halbverfal-
lenen Parks, wo die Vegetation üppig und lebendig ist
und wo die laute und entsetzlich grelle Wirklichkeit
schweigen muß …« (KB 182).

Auch wenn die Realität des Krieges aus solchen Re-
miniszenzen ausgesperrt wird, bleibt die Bewegung
doch wahrnehmbar, die den jungen Mann umtreibt,
die tastende Suche nach Identität, nach Beruf und Bestimmung, nach der eigenen Persönlichkeit, die zu
finden und zu bilden die vom Krieg gezeichnete Stadt
gerade nicht erlaubt. Böll sieht und entdeckt sich in
Gegenbildern einer Kulturlandschaft: der Rhein, die
alte Frau, die alte Villa, die hohen, dunklen Bäume, die
dunklen, alten Häuser und der halb verfallene Park –
all diese an Stefan George gemahnenden Zeichen einer melancholischen Bildersprache verdichten sich

75

zu einem Reservoir sublimer Trauer. Doch die literarische Tradition dieser städtischen Lebenswelten repräsentiert nicht die heroische Melancholie eines Stefan George – ihr Patron heißt Georg Trakl, von dessen Gedichten Böll sich unwiderstehlich angezogen fühlt, in »einer ähnlichen Weise, noch unmittelbarer und lebendiger« sogar als von der ruinierten städtischen Wirklichkeit: »Worte wie Verhängnis, Verfall, Trauer, die er so oft schreibt, berühren mich wie ein Zauberstab, ich könnte niemals leid werden, diese Verse zu lesen …« (KB 182).

»Köln ist eine Großstadt – gewiß«: Sie bildet den Nährboden, dessen sein literarisches Werk bedarf, um sich entfalten, ja um überhaupt entstehen zu können, aber sie bietet keinen Anlass zur Verklärung. Es ist ein Distanz schaffender Raum, ein Ort, der mit seinen Straßen, Häusern und Wohnungen die Beobachtungsgabe des Autors und mit dieser seine Fähigkeit zur Kritik prägt. Böll setzt seine Heimatstadt durchaus nicht mit ihrem weltberühmten Wahrzeichen, dem Dom, gleich und nur in begrenztem Maß mit dem Rhein, an dem sie liegt, eher schon mit den romanischen Kirchen, den religiös geprägten Plätzen und den Madonnenstatuen, die kleine, doch bedeutsame urbane Akzente setzen. Vor allem aber sind es die Menschen, denen seine Sympathie gilt: »der sagenhaften Rasse der Kölner, die aus soviel Elementen besteht wie es Heere, wandernde Völker in Europa je gegeben hat«. Sozial manifestiert sich diese »Rasse«

für Böll in den »Straßenbahnern«, eine Menschenmi-
schung, die »ihre Weisheit, wohldosiert, weiter[gibt]
an alle Zugewanderten, an jeden, der sie hören mag«
(KA 7, 88). Die »Straßenbahner« repräsentieren in
Bölls Augen *pars pro toto* den lebendigen Mittelpunkt
der Stadt und zugleich einen Erfahrungsraum, in dem
sich für den aufmerksamen Beobachter Tradition und
Gegenwart, Geschichte und Politik, Alltag und Kultur,
Klugheit und Sprache auf einzigartige Weise mischen.

Bereits 1959 lautet der diesem Befund entspre-
chende programmatische erste Satz eines Essays: »Köln
ist für mich die Stadt der alten Gesichter« (KA 12, 26).
Noch zwei Jahrzehnte später knüpft Böll an diese Cha-
rakterisierung seines literarischen Lebensraums mit
den Worten an: »Man geht durch diese Stadt [...], und
sehe ich ein Gesicht. Ich denke, das kennst du doch,
ein junger Mann, älterer Mann und denke, mein Gott,
den hast du schon mal gesehen. Vor 20 Jahren, vor 30
Jahren. Das sind die Unbekannten, die ich kenne.«
(KA 25, 618) Es sind die Gesichter von Menschen, die
Geschichte repräsentieren: Ereignisse und Erlebnisse,
Entwicklungen und Verwicklungen. Ihre Wahrnehmung setzt eine urbane Intimität voraus, deren Konsequenzen der Schriftsteller Wilhelm Genazino treffend
pointiert hat: »Im Bezug auf die alten Gesichter steckt
der Reflex des Schreibens selber; er ist ein Hinweis darauf, warum aus dem in Köln geborenen und aufge-
wachsenen Einzelwesen Heinrich Böll ein Schriftsteller werden mußte. Die dort umhergehenden Leute mit

ihren alten Gesichern haben seine Phantasie in Bewegung gebracht; sie haben ihn dazu motiviert, sich diesen und jenen Text auszudenken, sie sind für den Autor ein Teil der Enträtselung des Geheimnisses, warum gerade aus ihm ein Schriftsteller werden mußte. Sie sind ein Beitrag eines Autors zur Beantwortung der unendlich rätselhaften Frage, warum *überhaupt* geschrieben wird.«

Beigetragen haben zur Vielfalt der städtischen Wahrnehmungen vor allem Bölls zahlreiche Wohnungswechsel. Hier ein kleiner Überblick: Geboren in der Teutoburger Straße, führt sein Weg von der Kreuznacher Straße in Raderberg über den Ubierring in die Maternusstraße und zum Karolingerring, von hier in die Kleingedankstraße und die Neuenhöfer Allee, danach über Marienfeld (heute Gemeinde Much) und Neßhoven in die Schillerstraße, 1954 dann ins eigene Haus in der Belvederestraße, 1969 schließlich in die Hülchrather Straße 7, bevor der Umzug nach Bornheim-Merten 1981/82 den Abschied vom Wohnort Köln bringt. Darüber hinaus prägen seinen lokalen Wahrnehmungshorizont vielfältige Berührungspunkte mit dem kulturellen Leben der Stadt. Zu ihnen gehören bereits in den 1950er-Jahren die legendären Diskussionsveranstaltungen in der Kölner Bahnhofsbuchhandlung Ludwig, ebenso der Westdeutsche Rundfunk, mit dem Böll über Jahrzehnte hinweg zusammengearbeitet hat, und nicht zuletzt die Bibliothek zur Geschichte des Judentums in Deutschland,

Germania Judaica, die er mitbegründet hat – Orte, denen sich der Schriftsteller, solange er in Köln lebte, auf das Engste verbunden wusste.

Zu diesen zählt, wie sich von selbst versteht, auch der Verlag Kiepenheuer & Witsch – auch er bedarf in diesem Zusammenhang einer Erwähnung. Mit seinem Inhaber, dem Verleger Joseph Caspar Witsch, verband Böll seit Anfang Mai 1952, dem Datum des ersten Vertragsabschlusses, über ein Vierteljahrhundert hinweg eine streitbereite Freundschaft. Der Verleger konnte – gewissermaßen gegen den Trend der Zeit – Bölls ersten großen Roman, *Und sagte kein einziges Wort* (1953), als ökonomischen Erfolg für sein Haus verbuchen. Er sicherte sich, weitsichtig wie er war, die Verbundenheit des Autors dadurch, dass er ihm mithilfe von Vorschusszahlungen ein finanziell vergleichsweise unbelastetes Arbeiten ermöglichte. Böll seinerseits hat dem Verleger die Unterstützung in schwierigen Zeiten nicht vergessen und gelegentlichen Abwerbungsversuchen dauerhaft widerstanden – im Gedenken an die ersten gemeinsamen Jahre widmete er Witsch 1967 einen bewegenden Nachruf (KA 15, 298–300). Reinhold Neven DuMont hingegen, der um drei Jahrzehnte jüngere Nachfolger Witschs, blieb in Bölls Augen stets »der junge Mann«. Das war, wie der Verleger in seinen Erinnerungen bemerkt, »freundlich-freundschaftlich gemeint, es schwang aber auch die Distanz mit, die aufgrund unseres Altersunterschiedes bestand«. Der ›junge Mann‹ bewunderte den inzwischen weltberühmten Autor durchaus. Er war sich zudem über dessen Bedeutung für den Verlag völlig im Klaren. Und vor allem verstand er es, mit diesem Autor einfühlsam und einvernehmlich Verträge zum wechselseitigen Vorteil auszuhandeln, auch wenn er Bölls bisweilen kritische Wahrnehmung des Verhältnisses von Schriftstellern und Verlagshäusern, darunter das Plädoyer für ein *Ende der Bescheidenheit* (1969), offenkundig nicht durchweg goutiert hat.

Und die Lektoren? Mit Dieter Wellershoff verband Böll eine enge Arbeitsbeziehung, von der Feinarbeit am Manuskript über die Detailabstimmung literarischer Konzepte bis zur endgültigen Festlegung von Buchtiteln wie im Fall des Romans *Gruppenbild mit Dame*. Dieses Vertrauensverhältnis trug beider Zusammenarbeit über Jahre hinweg zuverlässig zum Erfolg, wenngleich Bölls »Denkmuster«, insbesondere seine »antagonistische Weltsicht« (Wellershoff), ganz offenkundig mit denen seines literarischen Ratgebers im Verlag nicht durchweg übereinstimmten. Und auch dies sei erwähnt: Auf den späteren Verlagschef von Kiepenheuer & Witsch, Helge Malchow, ging die Anregung zurück, der Erzählung *Die verlorene Ehre der Katharina Blum* 1984, zehn Jahre nach der Erstveröffentlichung, ein Nachwort anzufügen, das sich vor allem an die nachwachsende Generation richten sollte. Böll hat diesen Gedanken und auch die Korrekturvorschläge des jungen Lektors seinerzeit ebenso unprätentiös aufgenommen wie ein Jahr darauf die entsprechenden Überlegungen zum Roman *Ansichten eines Clowns*. Auch wenn Böll einige wenige seiner Arbeiten andernorts publiziert hat – unter anderem in dem zunächst in Bornheim, später in Göttingen beheimateten Lamuv Verlag seines Sohnes René –, darf man sagen: Seinem Kölner Verlagshaus hat er mehr als drei Jahrzehnte, von 1953 bis zu seinem Tod im Jahr 1985, die Treue gehalten. Und doch bewahrte er sich, wie sich seiner Rede zum 25-jährigen Jubiläum des Verlages Kiepenheuer & Witsch entnehmen lässt (KA 19, 20–22), über all die Jahre hinweg auch ein kritisch-distanziertes Verhältnis zu den ökonomischen Prioritäten, die das Geschäft mit dem Buch mit sich bringt.

Bezeichnenderweise hat Böll nicht wenige seiner Kölner Wohn- und Kulturräume literarisch gewürdigt oder in Erinnerungen doch zumindest gestreift, so die Altstadt oder die Stadtteile Bayenthal, Deutz und Ehrenfeld, sofern er seinen Wohnorten nicht sogar kleine, poetisch dichte Denkmäler setzte wie in seinem 1972 entstandenen Text *Hülchrather Straße 7* (KA 18, 77–87). Gleich zu Beginn dieses Aufsatzes fragt der Autor, »warum man in solche Großstadt-schluchten zurückzieht, wenn man fünfundzwanzig Jahre lang im Grünen gewohnt hat und dort hätte wohnen bleiben können«. Aus seinen Antworten auf diese Frage entsteht das Bild eines städtischen Rückzugsraums, in dem sich die Charakteristika moderner Urbanität als Attraktionssignale präsentieren, mit allen Verzweigungen und Widersprüchen einer profitorientierten Stadtentwicklung. »Hier, hier ist es still, stiller als auf dem entlegensten Dorf, wo irgendwo doch immer ein Traktor brummt, Jugendliche ihre Mopeds ausprobieren [...]. Hier zeigen die Vorgärten offen, was sie sind: zwischen Autos und Fassaden eingeklemmte Armseligkeiten, nicht einmal den Kindern zum Spielen freigegeben. [...] Natürlich muß man hier die knappen Gehwege, die außerdem noch halb von parkenden Autos besetzt sind, mit den Hunden teilen, die notgedrungen, notwendigerweise und ungeniert hier wenig Heil anrichten [...]. Und dann gibt es ganz in der Nähe, kostenlos zu besichtigen, noch ein anderes, möglicherweise das entscheidende Umzugsmotiv: den Rhein.«

Solche Exkursionen in eine scheinbar banale städtische Wirklichkeit verbinden sich mit knappen Exkursen in den Bereich der Justiz sowie in historische und politische Terrains, in die Szenerie der Müllabfuhr wie in die Annehmlichkeiten des nachbarschaftlichen Konsumangebots. Diesem Beobachter ist alles der Wahrnehmung wert – und alles Wahrgenommene wird Gegenstand der Bewertung. Was Böll im Blick auf Köln findet und aufnimmt, was er prüft, beurteilt, achtsam beiseitelegt oder auch ironisch wieder fallen lässt, unterliegt keinem vorgefassten Raster aus Wertungskriterien und Beurteilungsmaßstäben, sondern entspringt, buchstäblich, dem Augen-Blick, der sichtbar macht, was die Stunde geschlagen hat. Es liegt deshalb nahe, solche Streifzüge im Licht von Walter Ben-

jamins Reflexionen zur »Wiederkehr des Flaneurs«
(1929) zu lesen und ihrem Autor Benjamins Kronzeu-
gen für seine »Philosophie des Flaneurs«, Franz Hes-
sel, an die Seite zu stellen. Doch anders als dessen von
Enthusiasmus durchzogene Essaysammlung *Spazieren
in Berlin* (1929) beziehen die Beobachtungen des Spaziergängers in Köln ihr Profil aus einer Bilanzierung
von Verlusten. Mit dem historisch sich verändernden
Referenzraum ›Großstadt‹ hat sich auch das Wahr-
nehmungssensorium des beobachtenden Zeitgenossen verändert. Der Mechanismus, nach dem sich seine
Beobachtungen organisieren, lässt sich kaum anders
als in der Terminologie des Katastrophenschutzes benennen: Es ist ein Warnmelder, aus dem unüberhörbar
der Alarmruf einer in Geschichts- und Gegenwartsver-
nichtung mündenden Entwicklung ertönt.

Im Vordergrund steht dementsprechend die Kritik am Verfall der Stadt und ihrer Umgebung: »Ständig da und jeden Augenblick vergangen, Deutschlands
Strom; wenige Kilometer nördlich von hier tritt er in
sein schmutzigstes, giftigstes Stadium – was nützt da
die Aufzählung von Geschichte, auf die man so stolz ist,
die man in jedem Kubikmeter aufgewühlter Erde hier
findet: vorrömische, römische, fränkische, merowingi-
sche Scherben und Steine? […] Ein Fluß, in dem man
nicht mehr baden kann, ist kein Fluß mehr, sondern
ein Abwässerkanal.« Es geht Böll nicht in erster Linie
um das Verhältnis von Ökonomie, Ökologie und Politik, sondern um eine Untersuchung der Frage, was die

Stadt Köln mit den Menschen macht, die in ihr leben wollen und leben müssen. Das Geschäft dieses Köln-Bewohners besteht in der Untersuchung städtischer Problemzonen, und seine Bilanz ist von Traurigkeit durchzogen. Zum Charakter der großen Stadt gehöre auch »Altmodisches, Abseitiges«, räumt er ein. Doch er bindet diese Wertschätzung an eine Voraussetzung: »Urbanität besteht in der Duldung von Erscheinungen, die statistisch längst abgeschrieben sind.« Eben dieses Qualitätsmerkmal aber sieht Böll bereits zu Beginn der 1970er-Jahre bedroht: »In der Nachbarschaft haust schon der Abbruchhammer. Er schlägt große, völlig intakte Wohnhäuser und Villen um, im Auftrag jener unerbittlichen Gottheit, die Profit heißt und ihre Opfer fordert.« Das desillusionierte Fazit lautet: »Profit und Urbanität schließen einander aus.«

Der Romancier nutzt solche Beobachtungen des Spaziergängers, um sie in die Komposition seiner Werke einzufügen. Er verschmilzt sie mit den Biografien der Figuren und den Elementen der Handlung, um hieraus ein eigenartiges, literarisch einzigartiges Städtebild zu formen, das die Anregungen aus seinem Herkunftsort nicht verleugnet und doch nicht auf sie zu reduzieren ist. Die produktionsästhetische Voraussetzung für diesen literarischen Umschmelzungsprozess ist jene Fremdheits- und Kälteempfindung gegenüber seiner Geburtsstadt, von der Böll 1979 in einem Interview mit dem vieldeutigen Titel *Köln gibt's schon, aber es ist ein Traum* gesprochen hat (KA 25, 602–628).

»Köln, Rhein, Rheinland sind natürlich mein Material, einfach Arbeitsmaterial, Ausdrucksmaterial [...]«, so Böll über das produktionsästhetische Verhältnis zu Herkunftsort und umgebender Landschaft. »Aber Köln ist mir auch gleichzeitig immer fremd geblieben, wie mir die ganze Erde und die ganze Welt auch fremd geblieben sind. [...] Und wenn ich Straßen betrete, in denen ich als Kind gespielt habe, oder wenn ich dann zufällig an dem Haus vorbeikomme, in dem ich geboren bin, das läßt mich vollkommen kalt. Merkwürdige Kälte kommt dann über mich ...« Als Autor habe ihn »Köln nie so interessiert, wie Joyce sich für Dublin interessiert hat«. Eher stellt – wie für Günter Grass Danzig – Köln für Heinrich Böll eine Art Weltmodell dar, mit spezifischen, geschichtlich wie gesellschaftlich, politisch wie religiös je besonderen Charakteristika. Ein Ort, der als Exempel zu verstehen ist, an dem sich historische und soziale Prozesse von Weltgeltung *en miniature* beobachten und nachvollziehen lassen, bisweilen in emblematischen Miniaturen, wie sie Böll 1969, angesichts der Trauerfeierlichkeiten für Konrad Adenauer, in seinem Essay *Deutsche Meisterschaft* entworfen hat:

»Im ehrwürdigen Dom meiner Vaterstadt Köln während des Pontifikalrequiems für Konrad Adenauer hielten hohe Offiziere mit Ritterkreuz ohne Hakenkreuz darin die Ehrenwache, in Gegenwart zweier Kardinäle, in Anwesenheit des gesamten diplomatischen Korps, der Präsidenten und Ministerpräsidenten einiger Länder. Es waren alle beieinander, alle dabei, und dieses wohl größte gesellschaftliche Ereignis in der Bundesrepublik Deutschland, diese große Trauerfeier mit ihrer phantastischen Regie war, wie verlautet, von Herrn Globke entworfen. Es fehlte nichts: nicht der vielgeschändete Vater Rhein, nicht die Mutter Natur im lieblichen Rheintal, und alle, alle waren einverstanden mit diesen auf eine schizophrene Weise verkratzten Ritterkreuzen der deutschen Gegenwart, aus denen die Vergangenheit herausgekratzt war.« (KA 16, 75)

Dieses literarische Verfahren der Umschmelzung seines »Materials«, der entzifferbaren Zeichen urbaner Realität, in eine ästhetische Eigenwirklichkeit hat Böll immer wieder durchgespielt. So auch in dem 1951 abgeschlossenen, posthum veröffentlichten Roman *Der Engel schwieg*, der eine bewusst gewahrte Distanz gegenüber den Stätten der Kindheit wie zum städtischen Umraum, gegenüber der Splitterwirklichkeit des Alltags wie gegenüber den Menschen in der näheren Umgebung erkennen lässt. So auch in seinem Roman *Billard um halb zehn* (1959), in dem gastronomische und kulturelle Stätten und Institutionen wie das traditionsreiche Hotel Excelsior und das Café Reichard eigene Namen erhalten oder aber durch prominente architektonische Alternativen ersetzt werden, etwa der Dom durch die gotische Kathedrale St. Severin. Architektonische Versatzstücke dieser Art stellen auch im Roman *Gruppenbild mit Dame* (1971) urbanes Hintergrundmaterial und städtisches Interieur bereit: Stadtbezirke und Straßen, Friedhöfe und Klöster, Wohnstätten und Wohnungen, von einer zum Fliegerhorst Merheim gehörenden Kaserne bis zum Grundriss des Domizils in der Hülchrather Straße 7.

Es geht Böll, wie die Form dieser Verarbeitung von Materialien aus einem urbanen Reservoir zeigt, keineswegs um die Nachbildung eines städtischen Ambientes oder gar um eine realistische Wiedergabe der Kölner Architektur. Vielmehr handelt es sich um einen Prozess der Aneignung und Anverwandlung ausgewählter Orte und Räume für die Zwecke der Literatur. In dieser Weise Anregungen wahrzunehmen, sie als »Material« aufzugreifen und literarisch zu verarbeiten, setzte notwendigerweise Distanz voraus, Fremdheit gar, die sich für die Zwecke der Literatur künstlerisch nutzen ließ. Ein ›Heimatschriftsteller‹, selbst in einem ironischen Sinn des Wortes, konnte unter diesen Voraussetzungen aus Heinrich Böll nicht werden.

6 Auferstehung des Gewissens
Paul Celan, die Germania Judaica und
der Antisemitismus in Deutschland

Am 15. April 1954 erschien in der *Kölnischen Rundschau* ein Essay mit dem Titel *Auferstehung des Gewissens*. In ihm erzählt Heinrich Böll von einer Lesung
Paul Celans in einer Kölner Schule. Böll schildert, wie
sich der »Dichter aus Paris« erfolgreich für ein ihm zuvor völlig unbekanntes 11-jähriges Mädchen einsetzte.
Es gelang Celan aufgrund seiner Ausstrahlung und seiner Überzeugungskraft, die verantwortliche Lehrerin
zu der Einsicht zu bewegen, dass man dem Kind die
Demütigung ersparen solle, die Schulklasse zu wieder-
holen. Böll erzählt von dieser Begebenheit nicht ohne
innere Beteiligung, ja mit einer gewissen Rührung. In
merkwürdigem Kontrast zu diesem selbstlosen Einsatz des seinerzeit in Deutschland noch kaum bekannten Dichters, so berichtet Böll weiter, stand die Tatsache, dass dessen Lebens- und Leidensgeschichte, dass
insbesondere die antisemitischen Exzesse in Deutschland und die Verbrechen an den Juden auch ein Jahrzehnt nach dem Ende des Krieges der nachwachsenden Generation nicht bekannt waren. Keine Schülerin,

kein Schüler wusste von den Pogromen, die während des Dritten Reichs in Köln stattgefunden hatten, keines der vierzig Schulkinder hatte je vom Genozid an den Juden gehört.

Diese Tatsache bildete den Anlass für den Text, den Böll seinerzeit mit guten Gründen an einem Gründonnerstag in der auflagenstarken, der CDU nahestehenden Kölner Tageszeitung veröffentlichte: Er wollte an diesem symbolträchtigen Tag eine christlich-konservative Leserschaft erreichen, um sie aufzurütteln. Angesichts eines Christentums, das seine Verantwortung gegenüber den jüdischen Mitmenschen, den lebenden wie den toten, nicht wahrnehme, da es die Erinnerung an sie weder wecke noch wachhalte, plädiert sein Essay mit einer aufschlussreichen Begründung für eine *Auferstehung des Gewissens:* »Seltsame und recht fragwürdige Legenden werden unseren Kindern erzählt: vom Kaiser Barbarossa, der mit dem Raben auf der Schulter im Kyffhäuser sitzt; aber die historische Realität der Stätten wie Treblinka und Maidanek ist unseren Kindern unbekannt. [...] Wir beten für die Gefallenen, für die Vermißten, für die Opfer des Krieges, aber unser abgestorbenes Gewissen bringt kein öffentliches, kein klares und eindeutig formuliertes Gebet für die ermordeten Juden zustande, und doch müßte, wer Augen hat zu sehen, wer Ohren hat zu hören, es überall sehen, es überall hören.« (KA 7, 300)

Böll argumentiert im Namen christlicher Ansprüche, Werte und Traditionen. Er beabsichtigt durchaus nicht, sich selbst als »Gewissen der Nation« zu etablieren. Sondern er setzt sich für eine Revitalisierung des öffentlichen Gewissens ein, indem er mit seinen Mitteln, denen des Schriftstellers, versucht, das zu erwecken, was in seinen Augen für einen Christen selbstverständlich sein müsste: das Bewusstsein der historischen Verantwortung für den Genozid an den Juden. Aus diesem Grund appelliert er an die Angehörigen der christlichen Glaubensgemeinschaft, der NS-Verbrechen zu gedenken und die Opfer des Rassenwahns in ihre Gebete einzuschließen. Eine deutliche Botschaft, verbunden mit einem klaren Appell – die Reaktionen konnten nicht widersprüchlicher ausfallen. Vorbehaltlose Zustimmung auf der einen, entrüstete Empörung mit unverkennbar antisemitischem Einschlag auf der anderen Seite waren die Folgen, eine Polarisierung, die man im Hinblick auf die seinerzeit in Deutschland verbreiteten Ressentiments symptomatisch nennen muss, nicht nur für Köln.

Dass Böll diesen Appell mit einem Bericht über Paul Celans Lesung einleitet, findet seine Begründung in einer damals bereits zwei Jahre zurückliegenden Begegnung der beiden Dichter. Böll hatte den bedeutendsten Lyriker deutscher Sprache nach 1945 auf einer Tagung der Gruppe 47 im Ostseebad Niendorf getroffen, auf der auch Ilse Aichinger, Ingeborg Bachmann, Walter Hilsbecher, Walter Jens, Karl Krolow, Siegfried Lenz, Rolf Schroers, Hans Weigel und Wolfgang Weyrauch lasen. Am 23. Mai 1952 trug Celan hier – in einem Erholungsheim mit Meerblick, das dem Norddeutschen Rundfunk gehörte – sechs seiner Gedichte vor, darunter »Todesfuge« und »Ein Lied in der Wüste«. Der Dichter las in der ihm eigenen, der Tradition des jüdischen, russischen und rumänischen Vortrags verpflichteten Form der Rezitation, die an rhetorischen Vorbildern wie dem aus Albanien stammenden Schauspieler und Sprechkünstler Alexander Moissi geschult war: eindringlich, deutlich akzentuierend, in einem hellen, melodischen, leicht singenden Ton, der sich noch heute in Form von Mitschnitten vergegenwärtigen lässt.

Die Ablehnung, die Paul Celan im Kreis der Gruppe 47 persönlich erfuhr, resultierte, verbunden mit einer Zurückweisung seiner Gedichte, aus der Art seines Vortrags. Walter Jens, Rhetorikprofessor aus Tübingen, hat Celans Lesung in seinem Essay *Deutsche Literatur der Gegenwart* (1961) mit der Reminiszenz gewürdigt: »Ein Mann namens Paul Celan (niemand hatte den Namen vorher gehört) begann, singend und sehr weltentrückt, seine Gedichte zu sprechen.« Dem von Sabine Cofalla herausgegebenen Briefwechsel Hans Werner Richters lässt sich entnehmen, dass Walter Jens später, in einem Gespräch mit Göttinger Studenten, die ablehnende Reaktion der Zuhörer auf eine ihrerseits höchst irritierende Weise umschrieben hat, in der die Vorbehalte aus dem Jahr 1951 noch nachklingen: »Als Celan zum ersten Mal auftrat, da sagte man: ›Das kann doch kaum jemand hören‹, er las sehr pathetisch. Wir haben darüber gelacht. ›Der liest ja wie Goebbels‹, sagte einer.«

Celan selbst hat solche Reaktionen wachsam, mit der ihm eigenen Sensibilität, registriert. »Diese Stimme, im vorliegenden Falle die meine, die nicht wie die der andern durch die Wörter hindurchglitt, sondern oft in einer Meditation bei ihnen verweilte, an der ich gar nicht anders konnte, als voll und von ganzem Herzen daran teilzunehmen«, so schrieb er kurz darauf, am 31. Mai 1952, an seine spätere Ehefrau Gisèle Lestrange, »diese Stimme mußte angefochten werden, damit die Ohren der Zeitungsleser keine Erinnerung an sie behielten ...«. Vor allem hatte wohl Hans Werner Richter an diesem Vortragsstil Anstoß genommen. Der »Initiator eines Realismus, der nicht einmal erste Wahl ist«, so Celan, »lehnte sich auf.« Das vermeintliche Vortragspathos führte schließlich dazu, dass sich der Schriftsteller und Rundfunksprecher Walter Hilsbecher, ein Gruppenmitglied der ersten Stunde, bemüßigt fühlte, im Anschluss an die Lesung Celans dessen Gedichte – und danach auch die Ingeborg Bachmanns – in einer weniger eigenwilligen Form vorzutragen.

Heinrich Böll erinnerte sich noch viele Jahre später an die in mancher Hinsicht befremdliche, Celan gegenüber geradezu feindliche Atmosphäre dieser Tagung. In seinem Nachruf auf Ingeborg Bachmann bilanzierte er diese Diskriminierung nach fast zwei Jahrzehnten mit dem Urteil, der Dichter sei bei der

Niendorfer Tagung »auf die peinlichste Weise mißverstanden worden« (KA 18, 233). Seither hatte er sich Celan eng verbunden gefühlt – man darf wohl von Solidarität sprechen. Im November 1952 besuchte er ihn in Paris und überreichte ihm ein Exemplar ces Buches *Der Zug war pünktlich* (1949), im Mai 1953 ließ er ihm seinen Erzählungsband *Wo warst du, Adam?* (1951) zukommen, beide mit persönlichen Widmur.gen versehen, wofür sich Celan mit einem Widmungsexemplar seines Gedichtbandes *Mohn und Gedächtnis* (1952) bedankte. 1953 sahen sich beide Autoren während eines Treffens von Schriftstellern und Verlegern auf Einladung der französischen Zeitschrift *Documer.ts* in Paris. Ein Jahr darauf besuchte Celan während seiner bereits erwähnten Lesereise Köln. Diese Wiederbegegnung nutzte Böll, um dem Dichter aus Paris Kontakte zum Westdeutschen Rundfunk und zum Verlag Kiepenheuer & Witsch zu vermitteln. Zudem zeigte er ihm während eines gemeinsamen Spaziergangs Sehenswürdigkeiten der von Bombenangriffen noch immer gezeichneten Domstadt, insbesondere – woran sich Celan noch zehn Jahre später, in einem Brief an Gisèle Celan-Lestrange vom 1. November 1964, gut erinnert hat – »zerstörte romanische Kirchen, eine davon [die Kirche Sankt Maria im Kapitol] mit einem sogenannten ›Pestkreuz‹, Arme in V-Form«. Es war, so kann man sagen, eine freundschaftliche Beziehung. Die persönliche Nähe veranlasste Celan sogar zu einem Besuch bei Böll, der sich seinerseits nicht scheute, dem

Dichter Einblick in seine Arbeitsweise zu gewähren: in die ihm eigene Komposition eines Romans aus farbigen Strukturen. Celan berichtete darüber Hermann Lenz in einem persönlichen Gespräch, mit großer Begeisterung: »Er erzählte auch von Böll«, so hat es Lenz in seinen »Erinnerungen an Paul Celan« festgehalten, »und sagte: ›Der ist rund‹. Er hat mir das Schema seines neuen Romans gezeigt, eine graphische Darstellung mit mehreren Farben. ›Jetzt muß ich mal wieder Blau nehmen‹, hat Böll gesagt.«

Diese Nähe sollte nicht darüber hinwegtäuschen, dass die persönlichen Beziehungen zwischen Künstlern, gleichviel, auf welchen Feldern sie arbeiten, stets auch eine gewisse Fragilität aufweisen. Pointiert kann man sagen: Je größer die Nähe und je prominenter die Personen, desto bedrohter die Dimension ihrer Freundschaft. Erinnerungen und Autobiografien bieten eine Fülle von Beispielen für das Konkurrenzgehabe und die Eifersüchteleien von Autoren, von Tagebuchaufzeichnungen und intimen Briefwechseln ganz zu schweigen. So nimmt es nicht wunder, dass es auch zwischen Heinrich Böll und Paul Celan zu einer Phase der Entfremdung, ja der wechselseitigen Kränkung und Verletzung kam. Celan zeigte sich enttäuscht darüber, dass Böll, obwohl am 2. Dezember 1958 dringend um Rat gebeten, den Dichter wochenlang keiner Antwort würdigte. Zwar hatte sich Böll nach gut vier Monaten mit einem Übermaß an Beanspruchungen entschuldigt. Doch vertröstete er Celan lediglich auf eine »Antwort« in dem gerade in Arbeit befindlichen Roman *Billard um halb zehn* (1959). Das war zu wenig – die Kränkung saß tief. Einem Schreiben an Hermann Lenz vom 21. März 1959 kann man entnehmen, dass Celan Böll seither zu den »sogenannten ›engagierten‹ Schriftsteller[n]« zählte: Diese »wissen halt, wie man sich aus diesen Dingen ›heraushält‹ (indem man nämlich mich ›überempfindlich‹, ›an Verfolgungswahn leidend‹ usw. findet.)«.

Celan zog seine Konsequenzen. Am 8. April 1959 schrieb er einen »bitteren Brief« an Böll, in dem er diesem am Ende einer ganzen Reihe von Vorwürfen die Freundschaft aufkündigte. Böll seinerseits reagierte in aller Schärfe auf Celan, dessen Schreiben er unverhohlen »eine Frechheit« nannte. Celan wiederum bezeichnete Böll – und ebenso Alfred Andersch – in einem Brief an Ingeborg Bachmann vom 10. August 1959 als einen »patentierten Antinazi« und attestierte ihm kurzerhand »Niedertracht«. Zu diesem Verdikt hat möglicherweise die Lektüre der 14. Folge eines Vorabdrucks aus Bölls Roman *Billard um halb zehn* beigetragen, der an ebendiesem Tag in der FAZ erschienen war. In zwei Personenbeschreibungen könnte Celan – wie die Herausgeber seines Briefwechsels mit Ingeborg Bachmann vermuten – eigene Persönlichkeitszüge wiederentdeckt haben: in der Erinnerung des Großvaters Fähmel an seinen Patenonkel Marsil, der »von Mädchenlippen träumte, von Brot, Wein und von Ruhm, den er sich von gelungenen Versen erhoffte

[...]; ein Quartheft mit Versen blieb, ein schwarzer Anzug, dem Patensohn vererbt, zwei Goldstücke«; und in der Selbstwahrnehmung des Großvaters Fähmel, der im Rückblick auf seine Jugend von sich sagt: »zart war ich, fast klein, sah aus wie etwas zwischen jungem Rabbiner und Bohemien, schwarzhaarig und schwarzgekleidet, mit dem unbestimmbaren Air ländlicher Herkunft« (KA 11, 77 f.).

Verifizieren lässt sich dieser Zusammenhang jedoch nicht. Denkbar wäre ebenso, dass der Roman insgesamt Bölls »Antwort« an Celan sein sollte. Denn die Auseinandersetzung mit der unbewältigten Vergangenheit und die Kritik an den Verdrängungsmechanismen der Gegenwart sind in ihm untrennbar miteinander verbunden. Ausgehend von einem einzigen Tag, dem 6. September 1958, und wieder in diesen einmündend, wird in Rückblenden die Entwicklung dreier Generationen der Architektenfamilie Fähmel seit 1907 geschildert. Das durchgängige Symbol für Aufbau und Zerstörung ist die Abtei Sankt Anton, die zu bauen Heinrich Fähmel 1907 beauftragt worden war, die sein Sohn in den letzten Tagen des Zweiten Weltkriegs durch eine Sprengung zerstörte – um »ein Denkmal für die Lämmer, die niemand geweidet hatte«, zu setzen – und die schließlich Roberts Sohn Joseph während seiner Architektenausbildung wieder aufzubauen helfen soll. Auf den 6. September 1958 nun konzentriert sich die Entwicklungsgeschichte dieser drei Generationen. An diesem Tag entdeckt Joseph

Fähmel die Kreidemale, die sein Vater zur Anbringung der Sprengladung gezeichnet hatte; an diesem Tag kehrt ein Freund Robert Fähmels aus dem Exil zurück und muss feststellen, dass nach ihm noch immer gefahndet wird, während die alten Nazis als »demokratische« Repräsentanten des Staates Bundesrepublik Deutschland etabliert sind; an diesem Tag verlässt Johanna Fähmel, Roberts Mutter und Ehefrau Heinrich Fähmels, eine Heilanstalt, um am 80. Geburtstag ihres Mannes einen Altfaschisten zu erschießen (sie erschießt dann nicht diesen, sondern, Symbol der Verschränkung von Vergangenheit und Gegenwart, einen Opportunisten, der die alten Faschisten vor seinen politischen Karren spannen will). Diese Handlungselemente sind komplex aufeinander bezogen. Die Erinnerungen werden als innere und äußere Monologe und in erlebter Rede vergegenwärtigt, zeitlich gegeneinander versetzt und ineinander verschränkt. Sie sind verbunden durch vielfältige Symbole und Leitmotive, Assoziationen und Zitate, montiert zu einem vielfach verschlungenen und gebrochenen Weg »aus den Schichten vergangener Vergänglichkeit in eine vergängliche Gegenwart« (KA 18, 176), in der das Problem des Antisemitismus weiterhin virulent ist.

Fest steht: Der Briefwechsel zwischen Böll und Celan vom April 1959 bedeutete für lange Zeit das Ende ihrer freundschaftlichen Beziehung. Erst nach mehr als zwei Jahren, am 27. September 1961, bot Paul Celan Heinrich Böll brieflich ein Gespräch an, um »all das aufzuklären, aufzuhellen«, was man einander an Kränkungen und Verletzungen zugefügt habe. Das war zweifellos als noble Geste gedacht – Böll reagierte ebenso nobel. Doch es blieb bei diesen Gesten. Sie führten, trotz wechselnder Grüße hin und her, die vom beiderseitigen Wunsch auf ein Wiedersehen und einen vertiefenden Gesprächsaustausch zeugen, zu keiner weiteren persönlichen Begegnung.

Dennoch hat der freundschaftliche Umgang mit Celan in Leben und Werk Heinrich Bölls vielfältige, direkte wie indirekte Spuren hinterlassen, die über sein Verhältnis zum Judentum Aufschluss geben. Bölls Engagement in dieser Frage bestand zum einen in gelegentlichen symbolischen Gesten, etwa in Hinweisen auf das berühmteste Gedicht Celans, die »Todesfuge«. Anlässlich eines Vortrags in Israel nutzte Böll 1967 beispielsweise den Vers »Der Tod ist ein Meister aus Deutschland« als Chiffre dessen, was er als das »Vorausgesetzte« seiner Rede verstanden wissen wollte: die Pogrome in Deutschland und den Genozid an den Juden (KA 15, 288). Und 1969 heißt es in dem Essay *Deutsche Meisterschaft,* einer Vorausschau auf die Olympischen Spiele 1972: »Schließlich wird man in München wohl auch wieder das Deutschlandlied intonieren, und immer, wenn ich diese Melodie höre, höre ich einen anderen als den gesungenen Text, ich höre einen Vers von Paul Celan: Der Tod ist ein Meister aus Deutschland.« (KA, 16, 80)

Doch es waren nicht allein symbolische Äußerungen dieser Art, sondern, ganz im Gegenteil, folgenreiche und öffentliche Handlungen, die kennzeichnend geblieben sind für Bölls Verhältnis zum Judentum. Hierzu zählt vor allem die Gründung der noch heute bestehenden Bibliothek Germania Judaica am 1. Januar 1959. Sie geht zurück auf eine Initiative von Annemarie und Heinrich Böll, Ilse und Paul Schallück, des Kölner Buchhändlers Karl Keller und des Publizisten Wilhelm Unger. Gedacht und entworfen war sie, wie Paul Schallück bereits im Juni 1958, anlässlich eines Empfangs der Stadt Köln für den Religionsphilosophen Martin Buber, angekündigt hatte, als eine »öffentliche Bibliothek zur Geschichte des deutschen Judentums«, als ein Forum, so der (bis 1962) erste Vorsitzende Heinrich Böll, das »der Information und Dokumentation dienen soll, nicht nur zur Dokumentation des Schreckens und Information über ihn, es soll in ihr alles gesammelt werden, was zur Geschichte des deutschen Judentums Auskunft geben kann«. Der Gründungsgedanke selbst ging auf jene Erkenntnis zurück, die Böll im Zusammenhang der Lesung Paul Celans in Köln gewonnen hatte. Wörtlich zitierte er in seiner Ansprache zur Eröffnung eine Passage aus jenem Aufsatz mit dem Titel *Auferstehung des Gewissens,* in dem er auf Paul Celan hingewiesen hatte: dass nämlich Schüler im Geschichtsunterricht sehr wohl noch erfahren, »daß Barbarossa noch immer unter dem Kyffhäuser sitzt, sein Bart in den steinernen Tisch hineinwächst – aber daß diese große, rußige Ruine da mitten in der Stadt einmal eine Synagoge war, wann und warum sie zerstört wurde und was eine Synagoge, was ein wahrer Israelit ist – erfahren sie nicht« (KA 10, 543).

Dass Aufklärung in diesem Sinn, als Geschichtsunterricht wie als politische Arbeit, dringend erforderlich war, wurde wenig später durch einige spektakuläre antisemitische Aktionen deutlich. Am 24. Dezember 1959 malten in Köln zwei Mitglieder der rechtsradikalen Deutschen Reichspartei (DRP) Hakenkreuze und antijüdische Parolen an die Kölner Synagoge. Wenig später wurden auch aus zahlreichen anderen deutschen Städten NS-Schmierereien und antisemitische Parolen bekannt, vor allem aus Westberlin. Sie führten zu empörten Protesten, die wiederum die um Reputation besorgte deutsche Bundesregierung veranlassten, offizielle Solidaritätserklärungen mit den attackierten jüdischen Gemeinden abzugeben, unter anderem in Form eines »Weißbuchs«, das vor allem zu einer Begrenzung des Imageschadens im Ausland beitragen sollte.

Böll reagierte auf diese Vorfälle im Dezember 1959 und im Januar 1960 mit zwei Veröffentlichungen: einem politischen Essay, der am 1. Mai 1960 unter dem Titel *Zeichen an der Wand* in der Zeitung des Deutschen Gewerkschaftsbundes veröffentlicht wurde, und einer zeitkritischen Erzählung, die im September 1960 unter dem Titel *Hierzulande* im ersten Heft der von Böll mit herausgegebenen Zeitschrift *labyrinth* erschien. Der politische Essay setzt sich mit den Ursachen des andauernden Antisemitismus und der ausgebliebenen Aufklärung in Deutschland auseinander, mit den opportunistischen Rechtfertigungsversuchen der Politiker und der persönlichen Verantwortung jedes einzelnen Bürgers für die Aufarbeitung der jüngsten Vergangenheit. Die Erzählung aus der Ich-Perspektive beschreibt das Scheitern eines Dialogs: Die von einem Besucher aus dem Ausland erbetene Aufklärung über die Bundesrepublik Deutschland misslingt angesichts der Komplexität und Widersprüchlichkeit – oder, wie es in der Erzählung heißt, der »Ungenauigkeit« – dieses Landes und seiner Geschichte, seiner Menschen, seiner Debatten und seiner vielfältigen Verdrängungen. »Die Existenz der Juden hier ist auf eine erschreckende Weise bodenlos, wie unsre eigene«, so bilanzierte Böll diese Vorgänge zu Beginn des neuen Jahres, am 2. Januar 1961, in einem Brief an die in Israel lebende Schriftstellerin Jenny Aloni, »und ich habe Angst um die jüdischen Kinder, die hier aufwachsen, wie um meine eigenen: man kann dem Boden hier nicht trauen.«

Ein Jahr später, im Februar 1962, antwortete Böll auf eine Umfrage des Verlages Kurt Desch, die sich ausdrücklich auf die jüngsten antisemitischen Ausschreitungen bezog. Sie fragte nach deren gesellschaftlicher Bedeutung, ihrer politischen Qualität und nach Möglichkeiten der Gegenarbeit. Jetzt sprach Böll auch öffentlich Klartext: »Die einzige Möglichkeit, Unheil zu verhindern, sehe ich in der Notwendigkeit, die Jugend mit der Geschichte zu konfrontieren, der Ansteckung mit dem Bazillus vorzubeugen: Unterweisung, Diskussionen, die erwachsenen Halbstarken zu klaren Äußerungen zu zwingen.« (KA 12, 46) Man kann diese Antwort als ein Destillat jener Überlegungen, Argumente und Plädoyers verstehen, die er in seinem Essay, der Erzählung und auch in seinem Briefwechsel mit Jenny Aloni entfaltet hat: Es ging Böll darum, mit allen Mitteln, die ihm als Autor und öffentlicher Intellektueller zur Verfügung standen, Einspruch gegen die Geschichtsvergessenheit dieser Zeit zu erheben.

In vergleichbarer Weise gilt dies auch hinsichtlich seines persönlichen Engagements für die Kölner Bibliothek Germania Judaica. Seit ihrer Gründung bemühte sich diese Einrichtung – zu Beginn ausgestattet mit einem Bestand von nur 180 Bänden –, auch wissenschaftlichen Ansprüchen zu genügen, durch die Bereitstellung von Materialien und Forschungsergebnissen ebenso wie durch den Informationsaustausch mit anderen Institutionen vergleichbarer Art und durch die Publikation eines *Bulletins zur Geschichte des deutschen Judentums* mit thematischen Schwerpunkten wie der jiddischen Sprache oder dem komplexen historischen Problem »Ghetto«. Es ging, so könnte man salopp formulieren, um Basisarbeit in der Tradition der Aufklärung und im Geist Gotthold Ephraim Lessings.

Dabei machte sich Böll durchaus keine Illusionen über die Vorurteilsstrukturen, die, ganz abgesehen von antisemitischen Ausschreitungen, weiterhin wirkten. Das »Gift des Antisemitismus in feiner Dosierung«, so sagte er 1959, zeige sich selbst im »abwertenden Beiklang«, den der umgangssprachliche Gebrauch des Wortes »Jude« in sich trage, und ebenso in »Vorurteils-Vokabeln« wie »Judenschule«, »jüdischer Händlergeist« oder »jüdisches Literatentum«, die zu »Begriffsverfälschungen« führten (KA 24, 20 f.). Gegen diese Symptomatik vorzugehen, war Teil des konzeptionellen Credos, das der Germania Judaica zugrunde lag. Sie sollte eine Stätte des nicht nur kontemplativen Gedenkens, sondern eines aktiven, »zweifach traurige[n]« Gedenkens sein: an »die Vernichtung des europäischen Judentums durch die Nazis [...] und die in der zweiten Hälfte der fünfziger Jahre deutlich werdende Erkenntnis, daß die Wahrnehmung dessen, was geschehen war, was also Geschichte war, nicht stärker, sondern schwächer wurde« (KA 22, 391).

Heinrich Bölls Verhältnis zum Judentum besitzt, wie man sieht, zahlreiche Facetten, zu denen die Erinnerungsarbeit im Hinblick auf die jüngste Geschichte ebenso gehört wie ein praktisches, eingreifendes Handeln, ein professionelles und zugleich sehr persönliches Engagement, das mit dem Etikett »Philosemitismus« zu umschreiben allerdings ein Missverständnis wäre. Leitmotivisch durchziehen etwa der Ort Czernowitz und die Region Bukowina – Geburtsstadt Paul Celans und Landschaft seiner Kindheit und Jugend – schon die Erzählung *Der Zug war pünktlich* (1949). Ihren Protagonisten, den in seinem Glauben fest verwurzelten Soldaten Andreas, lässt der Erzähler »auch für die ungläubigen Juden« beten: »Dabei denkt er an Czernowitz, und er betet besonders für die Czernowitzer Juden und für die Lemberger Juden, und in Stanislau sind auch sicher Juden, und in Kolomea ...« (KA 4, 320). In seinem Roman *Wo warst du, Adam?* (1951) findet sich das eindringliche literarische Psychogramm eines Täters, eines SS-Obersturmführers, und seines Opfers, einer 23-jährigen Jüdin, deren zu einer dramatischen Szene verdichtete Ermordung durch den deutschen Offizier den Genozid an den Juden auf exemplarische Weise vor Augen führt. In *Haus ohne Hüter* (1954) leitet Albert, einer der Protagonisten des Romans, seinen Schützling, die Halbwaise Martin, zu jenem Ort, an dem sich inzwischen ein Champignonzüchter etabliert hat: »Hier«, sagte Albert, »ist Absalom Billig ermordet worden, der Mann, der das Porträt deines Vaters gemalt hat.« (KA 8, 269) Immer wieder begegnet man nicht allein der Thematik ›Antisemitismus‹ bei Böll, sondern auch der literarischen Problematisierung von Ursache und Wirkung, Leiden und Glauben, Schuld und Verantwortung.

Eben deshalb ist auf eine Polemik einzugehen, die Böll in einem gönnerhaften Tonfall attestiert, er sei »der angenehmste, weil absolut redlichste Philosemit, den die westdeutsche Nachkriegsliteratur hervorgebracht hat«. Der Germanist Klaus Briegleb fällt dieses nur scheinbar positive Urteil im Zusammenhang seiner »Streitschrift« *Mißachtung und Tabu* (2003) mit dem Untertitel »Wie antisemitisch war die Gruppe 47?«. Anlässlich von Bölls Aufsatz »Porträt eines Rabbiners. Über das Problem der Juden im Nachkriegsdeutschland«, zuerst veröffentlicht in dem von Hans Werner Richter herausgegebenen Band *Eine deutsche Bilanz 1962,* heißt es bei Briegleb: »Literarisch begütigend, mit dem voranalytischen Gestus des guten Deutschen tritt das Äußerste an Einfühlung hervor, das von Nichtjuden aus der Gruppe 47 hervorgebracht worden ist; zugleich: ehrlich preisgegebene Mystifikation des Schuldwissens.« Umstandslos wird Böll jenem »Typus von Vergangenheitsbewältigern« zugerechnet, »die, der Radikalität des Selbstdenkens und der Selbstkritik im Angesicht des Judentums unkundig, sich über die Motive ihres Tuns und die Spannweite ihres Themas, das sie ›bewältigen‹ wollen, von Grund auf täuschen«. Und vollends schließt sich der polemische Zirkel, wenn wenig später der Kreis jener Autoren erwähnt wird, der – »eben katholisch und gütig wie Böll« – »nur vermittelt über den deutschen Antisemitismus spreche«.

Sei es, dass die Gattung »Streitschrift« dem Philologen den Blick verstellt hat, sei es, dass es sich schlicht um mangelnde Sach- und Werkkenntnis handelt: Die Polemik gegen die Gruppe 47 führt hinsichtlich Bölls gänzlich in die Irre. Gerade jenes »Porträt eines Rabbiners«, aus dem Briegleb ausführlich zitiert, setzt sich mit der falsch verstandenen, eben ›philosemitischen‹

Freundlichkeit gegenüber den Juden in Deutschland kritisch auseinander. Am Beispiel und aus dem Blickwinkel des porträtierten Rabbiners Dr. Zvi Azarja [*recte* Asaria; eigtl. Hermann Helfgott] weist es auf »das Problem unserer [der jüdischen] Existenz« hin. Das sollte heißen: auf den »unheimlichen Kredit«, den der Philosemitismus den Juden im Nachkriegsdeutschland einzuräumen pflegte. Schüler werden nicht bestraft, weil sie jüdische Schüler sind: »sobald sich Spritzer von Schmutz zeigen, sind tausend Hände da, die bürsten, polieren, reinigen, und es macht seine [des Rabbiners] Existenz zweifach tragisch, daß es Hände von Menschen sind, die voll echter Sympathie, voll wahrhaft guten Willens sind« (KA 12, 177). Gerade gegen diese »gefährliche, fast explosive Abstraktheit des Wortes Jude in einer Gesellschaft, in der es fast keine Juden mehr gibt« (KA 20, 251), und damit gegen jeden gutwilligen, doch unreflektierten Philosemitismus wendet sich Böll, und zwar entschieden, ohne Wenn und Aber.

Zur Voraussetzung, ein solches Porträt schreiben zu können, zählten seinerzeit zwei ausführliche Gespräche (Auszüge KA 24, 578–581), die Böll 1959 und 1960 mit dem Rabbiner Dr. Zvi Asaria sowie Paul Schallück und Wilhelm Unger geführt hatte. Deren erstes erschien 1959 als Nachwort zu dem von Asaria herausgegebenen Band *Die Juden in Köln* (1959), beide Gespräche zusammen wurden im Oktober 1960 als Band II einer Schriftenreihe der Germania Judaica veröffentlicht. Sie sind, wie seine freundschaftliche Beziehung zu Paul Celan und die Gründung der Germania Judaica auch, Teil der Auseinandersetzung Bölls mit dem »Problem des Judentums im Nachkriegsdeutschland«. Seine Äußerungen in diesen Gesprächen lassen an Deutlichkeit nichts zu wünschen übrig. Sie sind analytisch, was die unterschiedlichen historischen Erscheinungsformen des Antisemitismus in Deutschland betrifft. Und sie wenden sich hinsichtlich des Genozids an den Juden ausdrücklich gegen die Möglichkeit einer »Vergangenheitsbewältigung«. Bölls Argumente zeugen vielmehr vom Willen zur Aufklärung über den Antisemitismus in Deutschland, über dessen Geschichte und seine Erscheinungsformen in der Gegenwart, eine Arbeit, die nirgendwo anders besser und verantwortlicher zu leisten wäre als im Erziehungsbereich und in der Wissenschaft.

Böll selbst hat sich dieser Arbeit gegen Ende seines Lebens noch einmal gestellt: in einem Essay mit dem Titel *Die Juden von Drove,* der zuerst in der *Frankfurter Rundschau* vom 11. August 1984 erschienen ist. Darin schildert er seinen Gang in die Geschichte eines kleinen Ortes am Nordrand der Eifel, nur vier Kilometer von Langenbroich, Bölls letztem Wohnsitz, entfernt. Es ist ein Gang über einen jüdischen Friedhof, der in die Vergangenheit führt. Böll befragt Archive und spricht mit Dorfbewohnern, er zitiert wissenschaftliche Quellen, erzählt von Schicksalen und nennt Namen. Es ist ein Gespräch mit Lebenden und mit Toten, eine Reflexion über Kultur, Religion und Politik, über die Abgründe der jüngsten deutschen Geschichte und die Verbrechen des Nationalsozialismus, die zur Verschleppung und Ermordung eines Teils der Bevölkerung führten, ein Diskurs über die Schuld Einzelner und die Verantwortung aller, der in die Einsicht mündet: »Persönliche *Eigen*macht wird in kleinen Gemeinschaften zur ständigen Todesdrohung, wenn sie mit der *Staats*macht ineinanderfällt und von ihr bestärkt wird.« (KA 22, 407) Es handelt sich um eine Trauerarbeit, die Böll seinem 1982 verstorbenen Sohn Raimund gewidmet hat: »dem ich nie erklären konnte, was auch mir unerklärlich blieb«.

7 *Zur Verteidigung der Waschküchen*
Poetologie der ›bewohnbaren Sprache‹

Am 12. Juli 1957 wurde Heinrich Böll in der Wochenzeitung *Rheinischer Merkur* unerwartet hohes Lob zu-
teil, gespendet von einem jener Rezensenten, die Böll
gelegentlich mit leicht ironischem Unterton »bestallte
Kritiker« (KA 12, 426) genannt hat. Zu ihnen zählte
er – neben Friedrich Sieburg, Günter Blöcker, Karl
Korn, Karl August Horst und Rudolf Krämer-Badoni –
auch Curt Hohoff, einst Feuilletonchef des Wochen-
blatts, später Mitarbeiter der *Süddeutschen Zeitung*
und der *Welt*, ein Schriftsteller und Essayist, der sich
für die Werke Bölls bis zu diesem Zeitpunkt nur wenig aufgeschlossen gezeigt hatte. Doch mit Blick auf
das soeben veröffentlichte *Irische Tagebuch* sah Hohoff
sich zu einer gründlichen Revision seiner bisherigen
Urteile veranlasst. Unter dem Titel »Ein Autor hat sich
freigeschrieben« war in einer geradezu hymnischen
Eloge unter anderem zu lesen: »In diesem Buch hat
er seine Ressentiments weitgehend überwunden; es
riecht nicht mehr nach Waschküche und billigem Ta-
bak. [...] Böll hat seine Kümmernisse der Jugend und
der Politik, seiner rheinischen Heimat und der politi-

schen Klüngel hinter sich gelassen, und siehe da: ein Phönix aus der Asche!« (KA 10, 685)

Böll ist auf diese Rezension sehr viel später eher amüsiert zurückgekommen, so 1977 in einem Gespräch mit Hermann Lenz, Nicolas Born und Jürgen Manthey: »Ja, das war dann der Punkt, wo sie dachten: Ach, endlich hat er sich befreit und so … Sehr witzig.« (KA 25, 151) Doch der lockere Tonfall sollte nicht täuschen: Bereits 1959, zwei Jahre nach ihrem Erscheinen, hatte er die Kritik Hohoffs in seinem Essay *Zur Verteidigung der Waschküchen* (KA 12, 37–40) als Anlass eines Nachdenkens über das Verhältnis von Literatur und Gesellschaft genutzt. Eigens verfasst für den bio-bibliografischen Abriss *Der Schriftsteller Heinrich Böll*, den sein damaliger Lektor Otto F. Best (unter dem Pseudonym Ferdinand Melius) herausgegeben hat, treten in dieser entschiedenen Abwehr eines Lobes von der falschen Seite Grundzüge seiner Poetologie hervor. Die beiläufige Verachtung des Geruchs von »Waschküchen« nutzt Böll zu einer Reflexion über die Voraussetzungen und die Ziele seiner Arbeit, über die Literaturfähigkeit unterschiedlicher sozialer Milieus und die Darstellbarkeit abweichenden Verhaltens.

Böll setzt dem Lob des Kritikers zunächst die Realität der Dritten Welt entgegen, die sich auch und nicht zuletzt als das jedermann zugängliche *factum brutum* statistischer Erhebungen darstelle: »*Dieses* Lob wurde mir gespendet zu einer Zeit, da eben bekannt zu werden begann, daß zwei Drittel der Menschheit hungern, daß in Brasilien Kinder sterben, die niemals erfahren haben, wie Milch schmeckt.« Er weist die gut gemeinte Würdigung seiner jüngsten literarischen Arbeit, eben des *Irischen Tagebuchs,* ausdrücklich zurück angesichts »einer Welt, die nach Ausbeutung stinkt; in der Armut weder Station zum Klassenkampf noch mystische Heimat mehr ist«. Mit Hinweisen auf die harte Welt der Fakten, auf Hunger und Tod, Ausbeutung und Armut, arbeitet Böll »die geistige Unklarheit« heraus, die den Wertungskriterien Hohoffs zugrunde liege. Eine gleichermaßen soziale wie ästhetische Ignoranz ermögliche dem Kritiker die Wahrnehmung von Armut nur noch als »eine Art Aussatz, vor dem man sich zu hüten hat und den zum Gegenstand seiner Arbeit zu wählen einem Autor angekreidet werden kann, ohne daß man sich die Mühe machen muß festzustellen, ob eine Kongruenz von Form und Inhalt hergestellt sei«.

Böll lenkt mit dem Stichwort »Kongruenz von Form und Inhalt« die Diskussion auf eine seit dem 17. Jahrhundert immer wieder geführte Debatte um Fragen der (sprach)künstlerischen Gestaltung von Materialien der gesellschaftlichen Wirklichkeit, um die Beziehung des sozialen Gehalts zu seiner künstlerischen Verarbeitung und die Relation zwischen gesellschaftlichen und ästhetischen Strukturen. Es geht dabei nicht um Statistik, nicht um das Ausspielen kruder Daten und Informationen gegen das Fantasiepotenzial und die Imaginationskraft der Poesie. Es geht vielmehr um eine Grundfrage künstlerischer Produktivität und der ihr angemessenen

Urteile und Bewertungen, eine Frage, die bis heute immer aufs Neue zu tief greifenden und weitreichenden theoretischen und poetologischen Kontroversen geführt hat. Sie rührt an die Substanz dessen, was Literatur, was überhaupt Kunst ist – was sie sein kann, was sie sein will und was sie sein soll. Sie betrifft, wie Böll weiß, das Wirklichkeitsverhältnis der Kunst generell und damit im Kern das Problem der Form: »denn wenn eine ›Waschküche‹ kein der Literatur würdiger Ort ist, wo sind die der Literatur würdigen Orte, wo muß Literatur, wie man so hübsch unklar zu sagen pflegt, angesiedelt sein?«.

Damit ist das Terrain der Auseinandersetzung eröffnet, das der Literaturstratege Heinrich Böll im Folgenden durchstreifen wird. Der zuletzt zitierte Satz bildet die Überleitung zu einem – nur scheinbar – heiteren Gang durch die Welt der »Waschküchen«, eingeleitet durch die entwaffnende Äußerung: »Merkwürdigerweise entsinne ich mich nicht, jemals in einer meiner Geschichten oder in einem Roman eine Waschküche beschrieben oder auch nur erwähnt zu haben.« Was bei Hohoff als rhetorische Figur gemeint war – »Waschküche« als *pars pro toto* sozialer Wirklichkeit –, wird hier durch einen Faktencheck, die Nachprüfung im konkretisierenden Bezug aufs eigene Werk, ironisiert. Was dann folgt, ist eine *tour d'horizon* durch die Niederungen alltäglichen Lebens: der Waschtag als Festtag, das Wäschewaschen als Gemeinschaftsvergnügen, die gewaschene Wäsche auf den Wäscheleinen der Rheinkähne – Quellen und Materialien in Hülle und Fülle, genug, um der Literatur Stoff zur Gestaltung und zum Entwurf eigener Welten zu bieten. »Leichten Herzens verteidige ich die Waschküche, die ich nie beschrieben habe«, lautet das Resümee dieses Gesellschaftspanoramas ›von unten‹, mit Anregungen, wie sie in vergleichbarer Weise auch der Dienst in der Wehrmacht, der Alltag der Stadt Köln, die Verausgabungslust auf der Kirmes oder eine unheilbare Trunksucht bieten. Diesem Panorama aus der gesellschaftlichen Froschperspektive wird das substanzlose »Großeleutemilieu« entgegengestellt, dem »die Geschicklichkeit moderner Reklame« einen eigenen Ausdruck verleihe: »Die Großen der Welt tragen Rolex-Uhren. Was habe ich da noch mitzuteilen?«

Doch nicht um Unterschiede zwischen »großen« und »kleinen« Leuten handelt es sich hier, nicht um die Notierung sozialer Höhen und Tiefen: »Ich bin größenblind, so wie man farbenblind ist, ich bin milieublind und versuche, Vorurteilslosigkeit zu üben, die gar oft mit Urteilslosigkeit verwechselt wird.« Weder Gesellschaftsniveaus noch Milieudifferenzen stehen zur Diskussion – es geht Böll um Literatur als Kunst. In pointierter Form spielt er deshalb im Folgenden die soziale Thematik im Romanwerk Dostojewskis gegen die Larmoyanz der zeitgenössischen Literaturkritik aus. Ausdrücklich genannt werden »verflucht unangenehme« Dostojewski-Titel wie *Arme Leute* und *Erniedrigte und Beleidigte*. Der Mörder Raskolnikow aus

Schuld und Sühne kommt ins Spiel, ebenso der nervenkranke Myschkin aus *Der Idiot* – Außenseiter, Versager, ja Verbrecher, die gleichwohl zu großen, exemplarischen Figuren der Weltliteratur werden konnten. Ein nur scheinbarer Widerspruch, der den ironischen Rat nach sich zieht: »man hätte Dostojewski mitteilen sollen, er möge sich endlich in feinere Kreise begeben; man sollte ihm posthum die Frage stellen, ob auch zu seiner Zeit mehr als zwei Drittel der Menschheit hungerten«.

Böll argumentiert in diesem kleinen Essay auf mehreren Ebenen gleichzeitig: als Literarhistoriker, als Literatursoziologe, als Literaturtheoretiker, allerdings nicht in einer systematisch entfalteten, diskursiven Form, sondern mit aphoristischen Verdichtungen und in unterschiedlichen Tonlagen, teils heiter, teils belustigt und gelegentlich sarkastisch. Es ist ein Streifzug durch eine Vielfalt von Realien, ein Gang durch die Wirklichkeit, der sich zu einem poetologischen Plädoyer fügt. Darin hat – wie könnte es anders sein! – das letzte Wort der produktive Autor in eigener Sache. Nicht nur wendet er sich gegen Kritiker, deren Urteilsbildung literaturfremden Wertungskriterien folgt, sondern er verwahrt sich ebenso gegen eine ideologische Vereinnahmung der Kunst zu politischen Zwecken und nicht weniger gegen die Festlegung literarischen Eigensinns durch kunsttheoretische Dogmen. »Es gab eine Zeit, in der alles, was nicht adlig war, überhaupt nicht als literaturfähig galt«, heißt es am Ende: »daß man einen Kaufmann als der Feder eines Dichters für würdig befand, galt als eine Revolution, war eine; dann kamen jene Verbrecher, die sogar den Arbeiter literaturfähig machten, kunstfähig; inzwischen [1959] gibt es Kunsttheorien, die alles, was *nicht* arbeitende Klasse ist, für literaturunwürdig erklären. Sollte sich in unserer gesegneten Gesellschaft eine Gegentheorie dazu bilden? Das wäre interessant, aufschlußreich und einer ausführlichen Analyse würdig.« Die Ironie dieser leerformelhaften Schlusswendung ist unübersehbar. ›interessant‹, ›aufschlußreich‹, ›einer Analyse würdig‹ – der Schriftsteller, der hier *Zur Verteidigung der Waschküchen* spricht, weiß es besser als die Urheber unfruchtbarer Theoriedebatten und schablonenartiger Einordnungszwänge. Er besitzt eigene Kriterien, um zu bestimmen, was literatur-, was kunstfähig sei.

Bölls Plädoyer *Zur Verteidigung der Waschküchen* dient einer poetologischen Sondierung der gesellschaftlichen Voraussetzungen von Literatur und ihrer stofflichen Rückkopplungen. Insoweit knüpft dieser Essay aus dem Jahr 1959 an Überlegungen an, die er unter dem berühmt gewordenen Titel *Bekenntnis zur Trümmerliteratur* bereits 1952 veröffentlicht hatte. »Wir haben uns gegen diese Bezeichnung nicht gewehrt, weil sie zu Recht bestand«, heißt es dort: »tatsächlich, die Menschen, von denen wir schrieben, lebten in Trümmern, sie kamen aus dem Kriege, Männer und Frauen in gleichem Maße verletzt, auch Kinder« (KA 6, 58). Es handelt sich um ein Bekenntnis zu Wert und Würde alltäglicher Stoffe und ebenso um eine selbstbewusste Bestimmung der Voraussetzungen literarischer Arbeit wie der Ansprüche, die dieser Autor an sie stellt. Wie der Dunst in den »Waschküchen« des Kölner Alltags werden auch die »Trümmer« der ersten Jahre nach dem Krieg für ihn zum »Material«, aus dem er seine eigene, eine poetische Wirklichkeit schafft.

Nicht ohne Grund war es just das Kritikerlob zum *Irischen Tagebuch,* das Böll zu seinem Plädoyer anregte. Dieses »Tagebuch« – die traditionellen Grenzen des Genres deutlich überschreitend, ein »Reisebild« eher als ein Diarium – ist zweifellos einer der gelungensten literarischen Texte Heinrich Bölls. Angeregt durch ihren Feuilletonchef Karl Korn, dem Böll das fertige Opus dann auch gewidmet hat, publizierte die *FAZ* zunächst einzelne Folgen, bevor die überarbeiteten Fassungen als Buch erschienen und zu einem dauerhaften Erfolg beim Publikum wurden – aus gutem Grund. Landschaft und Menschen, Religion und Kunst, Atmosphären und Attitüden, Stimmungen und Szenerien – so plastisch wie bildkräftig, so nuancenreich wie farbig entwirft Böll die Konturen einer Welt, die sich von der deutschen Wirklichkeit der 1950er-Jahre deutlich unterscheidet. Auch wenn der Literaturkritiker Friedhelm Rathjen es jüngst unter dem Verdammungsetikett »Irrwitziges Schwafelbuch« dem Orkus des Vergessens überantworten wollte: Es ist ein Buch nicht nur der Sympathie mit Land und Leuten, sondern darüber hinaus ein Buch der Liebe zu Natur und Kultur, zu

Mensch und Tier, zur Trauer und zur Heiterkeit – das Charakterbild eines Kosmos ganz eigener Art, gezeichnet mit Scharfsinn und Scharfsicht, voller Beobachtungsfreude, voll Witz und Humor. In der Zeitschrift *Freipass* hat der Schriftsteller Fridolin Schley ihm 2016 ein kleines Denkmal gesetzt. Der Poesie, die diesem Kosmos eigen ist, wollte die Poetologie der ›Waschküchen‹ ein Profil geben, in diskursiver Form.

Ein halbes Jahrzehnt später, in seinen *Frankfurter Vorlesungen* (KA 14, 139–201), hat Böll diese Überlegungen zu einer »Ästhetik des Humanen« ausgearbeitet. Sie ist nichts Kontemplatives und nichts Abstraktes, diese Ästhetik, sie bietet keine Theorie und kein Systemgebäude, sondern sie ist eine Aktivität, eine auf den ersten Blick etwas rätselhafte »Suche« nämlich: »die Suche nach einer bewohnbaren Sprache in einem bewohnbaren Land«. Den Vorgang, um den es hier geht, umschreibt Böll nur wenige Zeilen zuvor mit den Worten: »Ein Autor, ein Urheber, ein Poet also – er würde nicht nur gern wohnen (wohnen ist ein Verb, ein Tätigkeitswort), sondern auch die Sprache, in der er schreibt, bewohnbar machen.« Diese erweiterte, zugänglichere Umschreibung des Wortfeldes ›bewohnbar‹ öffnet den Blick auf das Feld des »Humanen«, dem sich Bölls Ästhetik verpflichtet sieht, und damit auf den sozialen Kontext des Schreibens. Denn »es ist ja nicht gut, daß der Mensch allein sei«, heißt es im selben Zusammenhang, im Rückgriff auf eine ›Humanität‹ unüberhörbar alttestamentlichen Ursprungs,

»und er kann sich nicht selbst Heimat und Nachbarschaft, Freundschaft und Vertrauen aus den Rippen
bilden, die ihm geblieben sind« (KA 14, 159). Dies
sind topografische Hinweise auf soziale Orte, denen
die – metaphorisch so benannte – ›Bewohnbarkeit‹
eingeschrieben ist, Orte der Nähe und der Gesellig-
keit, der Orientierung und des Austauschs, kurz: ein
sozialer Kosmos, der dem Autor »zuwachsen« und auf
den dieser seinerseits »zuwachsen« müsse.

Im »Nicht-wohnen-Können der Deutschen« hat
Bölls »Suche nach einer bewohnbaren Sprache in einem bewohnbaren Land« ihren Grund und ihre Begründung gefunden. Diesen Verlust sah er als Heraus-
forderung für das eigene Schreiben. Das gänzliche
Fehlen einer Literatur, in der »Nachbarschaft als etwas Dauerhaftes, Vertrauenerweckendes geschildert«
wird, entwickelte sich zum Leitmotiv des eigenen
Schreibens. Was man immer wieder das ›Engagement‹
dieses Autors genannt hat, des Schriftstellers wie des
Intellektuellen, war, aufs Ganze gesehen, nichts anderes als der Versuch, Gegenwart durch Sprache er-
fahrbar und durch die Arbeit mit Sprache ›bewohnbar‹ zu machen. »Nein, nein, ich spreche nicht über
Politik«, erklärte Böll seinen Zuhörerinnen und Zu-
hörern an der Frankfurter Universität, »sondern nur
zur Ästhetik des Humanen, des Wohnens in der Literatur.« (KA 14, 163) Doch so, wie ›wohnen‹ ein »Tätigkeitswort« (Böll) ist, so bleibt auch seine »Ästhetik des Wohnens« an eine Tätigkeit gebunden, an die

unabschließbare Bewegung des »Suchens« nämlich. Im Grunde lässt sich sein gesamtes literarisches Werk, von den frühen Erzählungen der Nachkriegszeit bis zum melancholisch verschatteten Roman *Frauen vor Flußlandschaft*, als ein einzigartiger, variantenreicher Ausdruck dieser Suchbewegung lesen. Zu dieser gehören Offenheit und Experimentierfreude ebenso wie die Bereitschaft, zu weit zu gehen und Fehler zu machen, nicht weniger die Lust am Spielerischen, an Entdeckungen und an der Unabschließbarkeit des literarischen Suchvorgangs.

In einem kleinen Essay mit dem programmatischen Titel *Suchanzeigen* hat Böll 1971 die poetischen Konsequenzen dieses Postulats für seine eigene Arbeit skizziert. Dieser Text fasst Motivation und Zielsetzung, Methode und Verfahrensweise, Anspruch und Grenze, Geschichtlichkeit und Gegenwärtigkeit seines Schreibens anschaulich zusammen. In einem buchstäblichen Sinn führen die Szenen und Bilder, mit denen dieser Essay schließt, seine Poetologie der ›bewohnbaren‹ Sprache vor Augen: »Ich will die Gegenwart der Vergangenen. Einsteigen und aussteigen, wo ich möchte, das Sprungseil vom Leipziger Platz und die Brote, die in der Machabäerstraße auf dem Schulhof gegessen wurden; Kreidestriche auf dem Trottoir der Teutoburger Straße, Sägemehl auf dem Hof des Hauses an der Schwanenkampstraße; das Bier, das auf dem Pflaster der Pletzergasse verschüttet wurde, im Krug geholt, damit der Alte einmal zu Hause blieb;

die Klicker aus der Kreuznacher Straße. Den Apfel, in den ein Mädchen 1940 biß, oder den anderen, den ein andres Mädchen 1935 pflückte. Nicht als Andenken, nicht als Anekdotenvehikel, nicht als Vitrinenfetisch, nein, weil es da war, nicht mehr ist und nie mehr sein wird. Ich will das Haar, das vom Haupt gefallen ist.« (KA 18, 95)

Von den Fluchtbewegungen unserer Tage hat Heinrich Böll nicht wissen können, und ebenso wenig davon, dass die gegenwärtigen Migrationsströme seine Poetik der ›Waschküchen‹ und seine Ästhetik des ›Wohnens‹ in einem ganz neuen Licht erscheinen lassen könnten. Herta Müller hingegen, die Literaturnobelpreisträgerin des Jahres 2009, hat diesen Bezug mit der ihr eigenen Empathie präzise erfasst. Gepeinigt durch Unterdrückung und Verfolgung im Rumänien Nicolae Ceaușescus und geprägt durch die Erfahrung ihres langjährigen Exils betonte sie in ihrer Dankesrede anlässlich der Verleihung des Heinrich-Böll-Preises im November 2015 die existenzielle Dimension des Verlustes von Wohnung, Sesshaftigkeit und Heimat, die mit der Erfahrung der Vertreibung zusammenfalle: »Ich bringe ›bewohnbare Sprache‹ mit Flucht in Verbindung«, so Herta Müller, »weil Böll die jungen Studenten auch fragt, ob sie das Land, das sie von der geschundenen Kriegsgeneration übernehmen, jemals zu einem ›Staat machen können, nach dem man Heimweh haben wird‹.« Für Heinrich Böll war die Bundesrepublik Deutschland dieses Land nicht. Ein halbes Jahrhundert später aber besteht eine Konstellation, die dem Autor der *Frankfurter Vorlesungen* noch undenkbar schien. Deren Konturen hat Herta Müller präzise benannt: Für Menschen, »die aus Diktatur und Krieg fliehen müssen«, äußere sich ihr »Heimweh nach Frieden und Sicherheit« als »Heimweh nach Deutschland«.

8 *Keine so schlechte Quelle*
Konrad Adenauer, die Restauration und
der deutsche Konservatismus

Konrad Adenauer und Heinrich Böll, die beiden bedeutendsten Söhne der Stadt Köln, sind einander persönlich nie begegnet. Man mag dieses Nicht-Ereignis
bedauern, doch es gab gute Gründe dafür.

Hier Konrad Adenauer: Jahrgang 1876, Jurist aus einer traditionsreichen katholischen Beamtenfamilie,
Oberbürgermeister der Stadt Köln, entschiedener Gegner der Nationalsozialisten und erfahrener konservativer Politiker, ein Kenner, Taktiker und Manager der
Macht, der erste Kanzler der Bundesrepublik Deutschland, zugleich Motor, Lenker und Administrator der
deutschen wie der europäischen Geschichte.

Dort Heinrich Böll: Jahrgang 1917, aus einer katholischen Handwerkerfamilie stammend, gelernter
Buchhändler, einfacher Soldat, nach 1945 zunächst
Student und Hilfsarbeiter, dann Schriftsteller und Autor von Weltruf, Literaturnobelpreisträger des Jahres
1972, ein öffentlicher Intellektueller, der für die Mäch-
tigen im Ostblock ebenso unbequem war wie für die
Herrschenden im eigenen Lande.

Zwei Lebenslinien, wie sie – sieht man einmal vom Geburtsort und der gemeinsamen Religionszugehörigkeit ab – unterschiedlicher kaum sein könnten. Und eine weitere Differenz springt ins Auge: die wechselseitige Wahrnehmung. Heinrich Böll hat sich zeit seines öffentlichen Lebens immer wieder mit Konrad Adenauer auseinandergesetzt und sich an ihm gerieben. Er hat ihn als Person aus innerster Überzeugung abgelehnt und ebenso seine Politik. »Ich mag Eisenhower nicht, nicht einmal Adenauer« (KA 6, 48), lautet eine frühe Erwähnung des deutschen Bundeskanzlers in Bölls Werk. Ihr sind zahlreiche weitere gefolgt. Von dem 1955 im Austausch mit Irmgard Keun verfassten satirischen *Briefwechsel für die Nachwelt* über verschiedene politische Essays bis hin zu den großen Romanen, bisweilen an zentraler Stelle, bisweilen *en passant* und vor allem in einer Reihe von Interviews führt der Schriftsteller den Politiker als Zeugen für politische Fehlentwicklungen oder als persönlichen Widerpart an. In Adenauers vier Bände umfassenden *Erinnerungen* hingegen taucht der Name Böll nicht ein einziges Mal auf. Der deutsche Bundeskanzler nahm den bedeutendsten deutschsprachigen Autor seiner Zeit schlicht nicht zur Kenntnis. Von einer einzigen Ausnahme abgesehen – von ihr soll im Folgenden die Rede sein.

Den Anlass bildete eine Rezension Bölls im *Spiegel* (49/1965) zu Konrad Adenauers 1965 erschienenen *Erinnerungen 1945–1953* (KA 14, 346–355). Bereits der erste Absatz des Textes lässt keinen Zweifel, dass hier kein Historiker, kein Politiker, kein professioneller Kritiker der journalistischen Zunft urteilt. Schon mit den einleitenden Worten bringt sich ein Schriftsteller zu Gehör, ein Fachmann für die deutsche Sprache, der sich ohne Umschweife auf den bedeutendsten Autor literarischer Erinnerungsarbeit beruft, auf Marcel Proust nämlich, um sein durchweg kritisches Urteil über Adenauers *Erinnerungen* zu begründen: »Sich zu erinnern ist eine Kunst, Schreiben eine andere; treffen beide Künste in einem Autor zusammen, so begibt sich einer auf die ›Suche nach der verlorenen Zeit‹, erhebt sich zu nächtlicher Stunde aus dem geliebten Bett, wirft sich in eine Droschke, weckt Herzoginnen auf, um sich zu vergewissern, wer welches Kleid an jenem Nachmittag vor fünfundzwanzig Jahren gegen vier Uhr getragen habe.« Mit diesen wenigen Zeilen ist das Terrain eröffnet, von dem aus Licht auf jenen anderen Autor fällt: »Von dieser Art ist Konrad Adenauer nicht, ihn plagt nicht der Dämon Erinnerung, ihn plagen nicht die Dämonen der Genauigkeit. Er hat nach 1945 keine Zeit verloren, und so sucht er sie nicht; es war seine Stunde, er hat die Zeit gewonnen, sie zu seiner gemacht, er hat unsere Zeit in seine Hand genommen. Seit 1945 war er immer vor, mit, an, in, über und auf der Zeit; sie war ihm günstig, er hat die Epoche geprägt, und so leben wir alle nicht in unserer, wir leben in seiner Zeit.«

Mit diesem fulminanten Auftakt zu einem furiosen Verriss wird auf Anhieb klar: Bölls Maßstab ist im Folgenden nicht die politische Bedeutung des Staatsmanns Adenauers. Diese steht für ihn außer Frage, und ebenso der dokumentarische Wert der *Erinnerungen,* die er ausdrücklich »gar keine so schlechte Quelle« nennt. Die Fragen, die der Kritiker stellt, sind anderer Art: »Konrad Adenauer sind die Denkmäler sicher, warum mußte er, dessen Stärke eine gewisse kölsche Mundfertigkeit ist, sich aufs Schreiben verlegen? Warum mußte ein so unpoetischer Politiker, der sich in einem Staat, in einer ganzen Epoche ausdrücken konnte, auch noch versuchen, sich in Sprache auszudrücken?« In leitmotivischer Wiederholung, mit zahlreichen Varianten und unterschiedlichsten Belegen, gilt im Folgenden der Sprache Adenauers die Aufmerksamkeit. Unnachsichtig arbeitet der Schriftsteller die begrenzten Ausdrucksmöglichkeiten des Politikers heraus. Er spricht vom »trägen Fluß dieser nicht etwa trockenen, sondern ganz und gar vertrockneten, armseligen Prosa«. Er reibt sich an dem »ärmlichen Deutsch«, in dem diese Erinnerungen gehalten sind: »jeder Deutschlehrer würde lange zögern, ob dieser ›Ausdruck‹ für ein 5+ noch reichen könnte«. Und er kommt zu einem ebenso bündigen wie entschiedenen Fazit: »Gute Freunde hätten Adenauer abraten sollen, sich so zu publizieren.«

Bölls Kritik ist Stilkritik, doch nicht in einem oberflächlichen Sinn. Was sich für ihn mit Adenauers Sprache offenbart, ist mehr als nur eine »vertrocknete«

Schreibweise. In Adenauers Sprache drückt sich für Böll der Charakter des Schreibenden aus, ganz in der Tradition Buffons: »Le style, c'est l'homme même«. Böll versteht Adenauers »Stil mauziger Grielächerei« – wie es in Anspielung auf kölnische Karnevalstraditionen heißt – als eine »unernste Art, mit Macht umzugehen«, als »Einübung in Materialismus, Opportunismus, Pragmatismus und Zynismus«. In den Bildern und Wendungen, Lücken und Auslassungen, Leerformeln und Plattitüden der *Erinnerungen* wirke und walte eine »kölschkatholische-linksrheinische Chuzpe«, ein Denken in Klischees, das »unzutreffenderweise Marxismus und Nationalsozialismus in einen, den materialistischen Topf wirft«, die Selbstdarstellung eines Autors, »der nicht den geringsten Sinn für Ethos hat, und das ist bei *dem* Musterchristen of the western world immerhin erstaunlich«. Zur Verstärkung dieser Polemik leistete das Layout des *Spiegel* seinen eigenen Beitrag: Mit einschlägigen fotografischen Porträts werden als beifällige »Grinser« Rainer Barzel, Franz Josef Strauß, Josef Hermann Dufhues und Richard Jaeger gewürdigt.

Böll argumentiert nicht im luftleeren Raum. Er belegt seine Urteile durchweg mit wörtlichen Zitaten. Er zeigt anhand sprachlicher Feinheiten, wie Macht verteilt wird: so im Vorlauf zur Bundespräsidenten- und Bundeskanzlerwahl 1949 angesichts der Absprachen zwischen Konrad Adenauer und Theodor Heuss; so im Hinblick auf die Tatsache, dass Kleinaktionäre und Inhaber von Sparkonten in der Frühzeit der Bundesrepublik »geschröpft« wurden; so durch die Art und Weise, wie die Politik Adenauers »zur Nihilisierung der Demokratie« durch seine Nachfolger beigetragen habe. Scharfsichtig zeigt er, mit welchem Geschick Adenauer mit den Alliierten verhandelte, nicht zuletzt durch die Nutzung von Lügen und Tricks zugunsten der Freilassung bereits verurteilter Nazis: »Er bekam die Kriegsverbrecher frei, und er wurde mitschuldig an der moralischen Fäulnis, die alles zu befallen droht, was in diesem Land offiziell unter ›Bewältigung der Vergangenheit‹ läuft.« Das Resümee des Rezensenten ist deutlich: »Es ist viel Niedertracht in diesem Buch, und es bedurfte wohl des letzten Restes von Menschenverachtung, auch der allerletzten Verachtung unserer Sprache, es zu publizieren, nicht ahnend, wie viel Sprache verraten kann.« Deutlich fiel dann allerdings auch die Reaktion des Kritisierten aus. Der Bundeskanzler sagte, wie sein Biograf Hans-Peter Schwarz zu berichten weiß, ein bereits fest vereinbartes Interview mit dem Herausgeber des *Spiegel*, Rudolf Augstein, ab, und zwar – unter unmittelbarem Lektüreeindruck – noch am 1. Dezember 1965, dem Erscheinungstag des Verrisses, und voller Empörung über die »nicht qualifizierbare Besprechung von Herrn Böll«. Dies war die Ausnahme von der Regel Konrad Adenauers, den Intellektuellen und Schriftsteller Heinrich Böll nicht zur Kenntnis zu nehmen.

Böll hatte sich in seiner Rezension freilich nicht mit

der Kritik an Adenauers *Erinnerungen* begnügt, sondern sein prominentes Publikationsforum, das Nachrichtenmagazin *Der Spiegel*, zudem zu einer Auseinandersetzung mit jener Entwicklungsphase der jungen Bundesrepublik Deutschland genutzt, für die seit den 1950er-Jahren der Terminus ›Restauration‹ gebräuchlich war. Der kritische Akzent dieses Begriffs resultierte aus der enttäuschten Erwartung einer radikalen Veränderung ökonomischer, politischer und sozialer Verhältnisse im Westen Deutschlands. Wenngleich die westlichen Besatzungsmächte, insbesondere mithilfe der amerikanischen ›Reeducation‹-Politik, die Demokratisierung der Bundesrepublik Deutschland erfolgreich vorantrieben, erlebten weder die Besitzverhältnisse noch das Bankenwesen, weder die Verwaltungsstrukturen noch die wirtschaftlichen Institutionen nach dem Zusammenbruch des Dritten Reichs einen grundlegenden Wandel. Und auch von einer ›Entnazifizierung‹ – im Sinn einer konsequenten juristischen Verfolgung und Bestrafung nationalsozialistischer Funktionsträger – konnte kaum die Rede sein. Im Gegenteil: Die Karriere des Juristen Hans Globke, der zur Zeit des Nationalsozialismus Mitverfasser und Kommentator der antisemitischen Nürnberger Rassegesetze gewesen war und unter Konrad Adenauer zum Staatssekretär im Bundeskanzleramt aufzusteigen vermochte, führte der Öffentlichkeit die Problematik personeller Kontinuität in Politik und Verwaltung beispielhaft vor Augen.

Insbesondere unter den Intellektuellen, darunter Publizisten wie Walter Dirks oder Eugen Kogon und Schriftsteller wie Hans Werner Richter oder Wolfgang Koeppen, gab es deshalb bis weit in die 1950er-Jahre keinen Zweifel daran, dass sich die Bundesrepublik Deutschland auf einem politisch fragwürdigen Weg befand. Die Verdrängung der Frage nach Schuld und Verantwortung, die unmittelbar nach 1945 noch erhebliches Gewicht besessen hatte; der Antikommunismus, der als gleichsam offizielle Ideologie dieser Zeit verstanden wurde; die Gründung der Bundeswehr (1955), die auf eine Remilitarisierung der Gesellschaft zu deuten schien; nicht zuletzt die mögliche Auf- und Ausrüstung der deutschen Armee mit Atomwaffen (1957/58) – alle diese Faktoren wurden als Indizien einer drohenden Restauration verstanden: als Anzeichen der Wiederherstellung eines kapitalistischen, militaristischen und autoritären Staatswesens. Sie schufen ein politisches Klima, in dem sich das Misstrauen der jungen Autorengeneration gegenüber der konservativen Politik der Ära Adenauer artikulierte.

Über lange Zeit hinweg galt Heinrich Bölls Roman *Billard um halb zehn* (1959), von dem im Zusammenhang der Auseinandersetzung mit Paul Celan schon die Rede war, neben Wolfgang Koeppens *Das Treibhaus* (1953) als das exemplarische Werk der Restaurationsthematik. Mit einem gewissen Recht, was den Plot, den Gang der Handlung, betrifft. Und doch trifft das Etikett ›Restauration‹ die Substanz des Werks nur unvollkommen. Es geht in dem kunstvoll gearbeiteten Roman um mehr als nur um den Handlungsfaden, der ihn durchzieht und inhaltlich zusammenhält. Es handelt sich um das Psychogramm beschädigter und verletzter Figuren. Es geht um den widerspruchsvollen Zusammenhang von Glauben, Erfahrung und Erinnerung, um »Gewalt, Zerstörung, Schmerz, Mißverständnisse [...] auf dem Weg, den einer daherkommt, aus den Schichten vergangener Vergänglichkeit in eine vergängliche Gegenwart« – so Böll 1972, anlässlich der Verleihung des Nobelpreises, mit einem verallgemeinernden Blick auf die Impulse seines Erzählens. Und sowenig die Bedeutung des Sprachkunstwerks *Billard um halb zehn* mit dem Hinweis ›Roman der Restauration‹ zureichend charakterisiert wird, so wenig deckt sich Bölls Einschätzung der rückwärtsgewandten deutschen Traditionsbestände mit den zuvor zitierten Urteilen über die ›res aurative‹ Physiognomie der jungen Bundesrepublik Deutschland. Böll verbindet mit diesem Begriff durchaus kritische Wertungen, die ihrerseits in mehr als nur Nuancen voneinander abweichen. Sie umfassen unterschiedliche Aspekte dieses Terminus, historische wie typologische, und sie repräsentieren jeweils in ihren semantischen Akzenten ein Maß an politischer und gesellschaftlicher Kritik, das zur demokratischen und liberalen Physiognomie der jungen Bundesrepublik Deutschland nicht unerheblich beigetragen hat. Hierfür drei Beispiele.

1975 betonte Böll im Rückblick auf die unmittelbare

Nachkriegszeit gesprächsweise, »daß das, was wir Restauration nennen und was man so nennen muß, die alten Formen fast zwanghaft wieder kreiert hat: wieder Familienegoismus, wieder Besitzstreben, wieder Bürgerlichkeit. Bürgerlichkeit ist sicher eine Möglichkeit zu leben und eine, die in der Geschichte sehr viel Fruchtbarkeit gezeigt hat; aber als rekonstruiertes Modell hat sie sich eigentlich nach 1950 [...] nicht mehr als tragfähig erwiesen« (KA 24, 512).

1979 wies Böll auf die problematische Funktion hin, die innerhalb eines so verstandenen ›restaurativen‹ Prozesses die »Körperschaft Kirche in Deutschland in ihrer statistischen Masse und in ihrer öffentlich vertretenen Masse und in ihren Medien« wahrnahm. Die katholische Kirche als Institution habe »eine derart militante, unfriedfertige Rolle im Nachkriegsdeutschland gespielt, daß mir fast die groben und wirklich gefährlichen Fehltritte in der Nazi-Zeit harmlos vorkommen, weil sie unter Druck passierten. Das, was wir Restauration nennen, ist eigentlich von der Körperschaft Katholizismus in Deutschland am intensivsten betrieben worden und auch die Fast-Identität mit der CDU« (KA 25, 617).

1982 nannte Böll »Restauration« das »Überspielen der Zusammenhänge, die zum Nationalsozialismus geführt« haben. Zwar sehe auch er, »daß die Mächte, die mit Hitler schön zusammengearbeitet haben, wirtschaftlich ohne jeden Schaden davongekommen sind, eher mit Gewinn«, doch glaube er nicht, »daß daraus ein neuer Faschismus entstehen wird«. Entscheidend für das »Versagen [...] und die Blindheit der bürgerlichen und großbürgerlichen Schicht« sei ein anderer Faktor: »Sie hat bis heute nicht begriffen, daß an Hitler gar nicht das Interessante ›Hitler‹ war, sondern die Bereitschaft, mit der er getragen wurde« (KA 26, 185 f.).

Man ersieht aus diesen verstreuten Anmerkungen, dass Bölls Überlegungen ein produktiver Anteil an jenen Diskussionen zukommt, die nach 1945 um eine angemessene Ausgestaltung demokratischer Spielräume im Westen Deutschlands geführt wurden. Das Fortbestehen überkommener Formen der Bürgerlichkeit, die politische Parteilichkeit der römisch-katholischen Kirche, die Ignoranz gegenüber den historischen Entstehungsbedingungen des Nationalsozialismus – im deutschen Konservatismus verbanden sich für Böll all die Irrwege und Versäumnisse, die den Weg der Bundesrepublik Deutschland ›restaurativ‹ geprägt hatten. Er argumentiert gegen Formen autoritärer Sozialisation und hierarchisch strukturierter Gesellschaftlichkeit ebenso wie gegen Bindungen und Traditionen, die der Entwicklung einer aufgeklärten und demokratischen Gesellschaft im Wege stehen. Konrad Adenauer ist für ihn die Personifizierung jener Tendenzen, aus denen Rückwärtsgewandtheit und Deutungsblindheit, gesellschaftspolitische Militanz und klerikale Anpassungsbereitschaft sprechen.

Bölls Verriss führte, wie sich zeigt, über den eigentlichen Anlass, die Publikation der *Erinnerungen* Konrad Adenauers, deutlich hinaus. In der Person des ersten deutschen Bundeskanzlers kritisierte er die vergebene historische Chance eines wirklichen Neuanfangs, einer Selbstbefreiung nach der Befreiung durch die Alliierten, die sich den Deutschen mit dem Ende des Zweiten Weltkriegs eröffnet hatte. Daher sollte man die konstruktive Dimension seiner Äußerungen zu der ›Restauration‹ genannten Entwicklungsphase der Bundesrepublik Deutschland nicht unterschätzen. Auch die Kritik an den ›restaurativen‹ Tendenzen ist in Wahrheit ein Teil der so häufig beschworenen »Erfolgsgeschichte« der Bundesrepublik Deutschland gewesen: Sie hat durch Aufklärung zur Korrektur beigetragen. Insoweit hat der kritische Gehalt des Begriffs ›Restauration‹, »bezogen auf Momente der Ausgestaltung der demokratischen Ordnung« (Claudia Fröhlich), seine Relevanz bis heute bewahrt. Dazu gehört auch die Wahrnehmung eines überraschend konservativen Elements in Bölls Argumentation, das bisweilen übersehen wird. »Von 1945 bis 1949 lebten wir in einem Zustand der Machtlosigkeit«, so sagte Böll 1961 in einem Gespräch *Über die unverlierbare Geschichte* mit Walter Warnach, »von dem wir fühlten, daß er gewisse Möglichkeiten in sich barg, vielleicht sogar die Möglichkeit eines Reiches, weil die Bedingung der Machtlosigkeit auf einzigartige Weise erfüllt war. Um so verhängnisvoller war es, die Deutschen von neuem in eine Machtposition hineinzuzwingen.« (KA 24, 58)

133

Das Stichwort »Machtlosigkeit eines Reiches« verweist auf einen Gesprächshintergrund, den auszuleuchten die Mühe lohnt, will man Bölls Verhältnis zum politischen Konservatismus recht verstehen. Mit seinem damaligen Gesprächspartner, dem in Düsseldorf lehrenden Philosophen Walter Warnach, verband Böll vor allem die gemeinsame Herausgebertätigkeit bei der Zeitschrift *labyrinth* (1960–1962), an der sich auch der Künstler HAP Grieshaber beteiligte. Initiator und *spiritus rector* dieses kurzlebigen Zeitschriftenprojekts, das in einer ›labyrinthischen‹ Welt der Vergangenheitsverdrängung der 1950er-Jahre und der Profitorientierung der ›Wirtschaftswunder‹-Zeit ein überkonfessionelles, ebenso undogmatisches wie unangepasstes Denken christlicher Prägung entgegensetzen wollte, war Werner von Trott zu Solz: ein konservativer Revolutionär, ältester Sohn des letzten königlich-preußischen Kultusministers August von Trott, älterer Bruder des 1944 hingerichteten Widerstandskämpfers Adam von Trott; 1931 Eintritt in die KPD, 1942 zum Katholizismus konvertiert; während des Dritten Reichs Verbindungsmann verschiedener Widerstandsgruppen; 1943 mit seiner Ausbildungskompanie in Osteuropa eingesetzt, 1944 aus Krankheitsgründen aus der Wehrmacht entlassen, 1945 persönlicher Referent Karl Geilers, des ersten Ministerpräsidenten von Groß-Hessen.

Bereits am 24. April 1945, also etwa zwei Wochen vor Unterzeichnung der bedingungslosen Kapitulation am 8. Mai 1945, hatte Werner von Trott eine »Denkschrift« verfasst, die sich für die Zeit des Neuanfangs auf das Christentum ebenso berief wie auf die Tradition des Widerstands gegen den Nationalsozialismus. »Der Angriff des Nazismus war zentral gegen die Werte der abendländisch-christlichen Tradition gerichtet. Ihm konnte darum schließlich nur widerstehen, wer an diesen unerbittlich festhielt«, hieß es darin. Und weiter: »Die durch den Nazismus mit rücksichtsloser Brutalität vorgenommene Zerstörung der moralischen Grundlagen des Abendlandes im Bewußtsein des deutschen Volkes machte denen, die diese nicht aufgeben wollten, eindringlich deutlich, daß deren Preisgabe uns auf die schiefe Ebene des Verbrechens unerbittlich führte und führen mußte. Dadurch wurde das Festhalten an der christlichen Tradition zum zentralen Anliegen, zum einzigen Rettungsweg für alle, die diesem Auflösungsprozeß nicht verfallen wollten.«

Trott suchte im Geist seiner »Denkschrift« frühzeitig nach Wegen aus dem existenziellen Nichts des Kriegsendes. 1947 begründete er, um seinen Idealen praktische Schritte folgen zu lassen, die »Gesellschaft Imshausen«, benannt nach dem Wohnsitz der Familie. Im August 1947 lud er, gemeinsam mit Walter Dirks und Eugen Kogon, Katholiken und Protestanten, ehemalige KZ-Häftlinge und Widerstandskämpfer, Kommunisten und Liberale, demokratische Sozialisten, Sozialdemokraten und linke CDU-Mitglieder nach

Imshausen ein. Es handelte sich – so ihr Selbstverständnis – um eine »demokratische Elite«, die ein Gedanke, bei allen Gegensätzen im Übrigen, einte: daß sich »ein fundierter Zusammenschluß zwischen Männern verschiedenster geistiger und politischer Herkunft vorbereiten und langsam eine originäre politische Konzeption entwickeln« sollte. Insgesamt dreimal, im August und Dezember 1947 und im Mai 1948, traf sich ein Kreis von 30 bis 40 Personen zu gedankenreichen, bisweilen höchst kontroversen Gesprächen über die Zukunft Deutschlands. Dann kam es im Zeichen des beginnenden Kalten Krieges und des Ost-West-Konflikts zum Eklat: Die Gesellschaft Imshausen zerbrach, ohne ihr ehrgeiziges Ziel erreicht zu haben.

Für Werner von Trott hatte sich jene »originäre politische Konzeption« mit dem Gedanken eines »Reiches« verbunden – nicht im Verständnis einer machtorientierten politischen Einheit, sondern im Sinn einer universellen, Nationen übergreifenden und überstaatlichen Geschichtsform. Die Reformbewegung der Cluniacenser und die Theologie der Arbeiterpriester boten das historische Vorbild, der deutsche Widerstand und das Christentum die wegweisenden Impulse. Stattdessen waren nach 1948 »die Kirche, die Familie, das Imperium der Maschine, das Angstdickicht und der Jahrmarkt NATO-Europas, Kunst und Wissenschaft und dieser Synkretismus von Ideologien« an die Stelle einer möglichen Erfüllung des »Reichsauftrages« getreten. Im Scheitern der »Gesellschaft Imshausen« wie in der Preisgabe der mit ihrer Gründung verbundenen Zielsetzungen, im Verlust des umfassenden »Reichs«-Gedankens wie in der Implementierung von »Ersatzvaterländern« vermochte Werner von Trott zu Solz nur eine Katastrophe zu sehen.

Was Heinrich Böll noch Mitte der 1960er-Jahre für diesen Autor einnahm, war dessen unbeirrtes Beharren auf der möglichen Restituierung einer solchen christlich-abendländischen Weltorientierung, einer – in des Wortes wörtlicher Bedeutung – ›konservativen‹, also bewahrenden Ordnung, die der Neuentwurf einer künftigen Wirklichkeit hätte sein sollen. Böll selbst hatte schon während des Krieges, in einem Brief vom 20. Dezember 1940, seiner Hoffnung auf »eine christliche Kultur« Ausdruck gegeben, im Vertrauen darauf, dass in diesem christlich geprägten Weltverständnis »ein neuer Geist in Europa herrschen wird«, und darauf, »das Christentum nicht verschwinden zu lassen in jener Weltanschauung, wie sie üblicherweise von den Kanzeln gepredigt wird« (KB 150 f.). In Trotts politischem Vermächtnis schien diese Möglichkeit noch einmal aufzuleuchten. Nur wenige Tage nach der Rezension im *Spiegel* veröffentlichte die *FAZ* unter der Überschrift *Ein letzter Deutscher* Bölls Besprechung des 1965 posthum erschienenen Buches von Werner von Trott zu Solz mit dem Titel *Der Untergang des Vaterlandes* (KA 14, 356–359). Böll erkannte in diesem Denken »eine andere deutsche Möglichkeit, die Trott zu begründen, die er wirksam zu machen versuchte, die Möglichkeit einer Selbstbefreiung der Deutschen nach der militärischen Befreiung durch die Besatzungsmächte; eine Möglichkeit, Niederlage und Not, Schuld und neue Hoffnung nicht so leichtfertig, nicht so billig herzugeben für den Taumel bürgerlicher Täuschungen«.

In jener »Denkschrift« erblickte Böll »die Tradition des Widerstandes als Angebot für eine neue Ordnung«, in Trotts Reichs-Idee die Vision für »ein anderes Deutschland als eins der beiden vorhandenen«, gar eine mögliche Realität, »wenn nicht Not und Niederlage, Schuld und Hoffnung in beiden Teilen allzu billig hergegeben worden wären, in schnöder Unterwürfigkeit«. In der Persönlichkeit dieses unzeitgemäßen Denkers, der 1958 mit seiner programmatischen Schrift *Widerstand heute oder Das Abenteuer der Freiheit* hervorgetreten war, identifizierte Böll geradezu den »Gegenpol zu Konrad Adenauer«: »dessen bürgerliche Menschenverachtung war das genaue Gegenteil von Trotts Verlangen nach Freundschaft und Solidarität; wie jener öffentlich und immer öffentlicher wurde, öffentlich auch seine Gegner schnöde abfertigte oder kaltstellte, wurde Trott immer mehr in die Einsamkeit einer Existenz gedrängt, die er am wenigsten begehrte, der privaten, und für ihn waren Freunde, die als Gegner nicht standhielten, keine Freunde mehr«. In der Anthologie *Mein Lesebuch* hat Böll Werner von Trott zu Solz in Gestalt von Auszügen aus dessen Programmschrift noch einmal gewürdigt.

Die Rezension der *Erinnerungen* Adenauers lässt sich insoweit auch als ein Memento verstehen, das dem gesellschaftspolitischen Vergessen entgegengehalten wird. Böll hat diesem Appell immer wieder erinnerungspolitische Mahnrufe folgen lassen. So 1969, als er daran erinnerte, »daß Adenauer keinen, aber auch keinen Trick ausließ, um die Bundesrepublikaner vor der ›roten Gefahr‹ zu warnen« (KA 16, 130). So 1972, als er anlässlich einer Würdigung Willy Brandts betonte: »Was ich Adenauer nicht vergessen kann, sind seine Wahlkampfparolen vom unehelichen Kind und Emigranten Willy Brandt.« (KA 18, 110) So auch 1973 im Zusammenhang seiner Warnung vor *Gefahren von falschen Brüdern,* in der er sich gegen Beifall aus der CDU/CSU für seine kritische Intervention anlässlich der Kulturpolitik in der Sowjetunion wandte: »Wer erinnert sich noch an den hämischen Spießer-Anti-Spiritualismus der Adenauer-Ära, der im deutschen Katholizismus guten Nährboden fand und bis heute dort gedeiht?« (KA 18, 224 f.). Und so ebenfalls in seinem Beitrag für die Festschrift zum 70. Geburtstag des Theologen Karl Rahner, als er sich 1975 mit Blick auf den in den 1950er-Jahren verfemten Dichter Reinhold Schneider an »jenes Milieu« zu erinnern genötigt sah, »das zähnefletschend nach antikommunistischen Handgranaten begehrte, die Adenauer so gern zu liefern bereit war« (KA 19, 120).

Böll spricht anlässlich der *Erinnerungen* des ersten deutschen Bundeskanzlers implizit immer auch über

sich selbst, zumindest über seine Ansprüche an sich
selbst und an andere die politischen wie die gesellschaftlichen, die moralischen wie die ästhetischen.
Das gilt auch für seine Vorbilder. Wenn Trott zu Solz
für Böll persönlichkeitstypologisch der »Gegenpol« zu
Adenauer war, so sah er in Willy Brandt das ideale politische Gegenbild zum ersten deutschen Bundeskanzler. Deutlich wurde diese unterschwellige Verknüp-
fung 1972, anlässlich von Bölls Hommage *Über Willy
Brandt,* deren Hintergrund das gescheiterte Misstrau-
ensvotum der CDU/CSU gegen die Regierung Brandt
am 27. April 1972 bildete. Böll machte in diesem Essay, auch wenn er auf dem SPD-Parteitag am 12. Oktober 1972 eine Rede hielt (KA 18, 153–156), kein Hehl
aus seinen Vorbehalten gegenüber der Sozialdemokra-
tischen Partei, deren Vorsitzender Willy Brandt zu dieser Zeit war. Er hatte die SPD bereits in einem Brief an
Hans Werner Richter vom 19. Februar 1966 als »mie-
seste aller Parteien« bezeichnet. Er wahrte auch in
den Jahren danach, im Zusammenhang der Bildung
einer Großen Koalition mit der CDU/CSU (1966) und
der Verabschiedung der Notstandsgesetze (1968), de-
monstrativ Distanz zur SPD. Ihr Vorsitzender blieb,
dessen ungeachtet, in seinen Augen ein Politiker, dessen persönliche Ausstrahlung durch die Unwägbarkei-
ten pragmatischer Alltagspolitik nicht beeinträchtigt
wurde. Was Böll für den politischen Menschen Willy
Brandt einnahm, das waren – vor dem Hintergrund
der Herkunft, der Zeit im Exil und der öffentlichen

Diffamierungskampagnen gegen ihn – seine menschlichen Tugenden: Höflichkeit, Geduld, Fairness, Treue. Es waren jene Vorzüge, die Heinrich Böll an Konrad Adenauer vermisste.

9 *Soviel Liebe auf einmal*
Baader, Meinhof und die Folgen

Vermutlich hat keine Veröffentlichung eines deutschen Schriftstellers nach dem Zweiten Weltkrieg ein strittigeres Echo hervorgerufen als Heinrich Bölls im *Spiegel* vom 10. Januar 1972 publizierter Essay *Soviel Liebe auf einmal* (KA 18, S. 41–49). Wobei sogleich eingeräumt sei: »strittig« ist ein vergleichsweise harmloses Wort für die demagogische Kampagne, der sich der Autor seither ausgesetzt sah, und »Essay« ein allzu eleganter Begriff für eine veritable Polemik.

Schon mit den Einleitungssätzen geht der Autor aufs Ganze: »Wo die Polizeibehörden ermitteln, vermuten, kombinieren, ist *Bild* schon bedeutend weiter: *Bild* weiß. Dicke Überschrift auf der Titelseite der (Kölner) Ausgabe vom 23. 12. 1971: ›Baader-Meinhof-Gruppe mordet weiter‹.« Das Feld der Auseinandersetzung ist damit umrissen, die Kampfzone, direkt wie indirekt, umschrieben. Direkt, weil der Widersacher unverzüglich namhaft gemacht wird: Die *Bild*-Zeitung war am 23. Dezember 1971 mit den Schlagzeilen erschienen: »Baader-Meinhof-Bande mordet weiter. Bankraub: Polizist erschossen. Eine Witwe und

2 kleine Kinder bleiben zurück« – der zugehörige Artikel wusste allerdings lediglich von einem entsprechenden Verdacht zu berichten, für den noch keine konkreten Anhaltspunkte vorlagen. Indirekt, weil das entscheidende Zitat den Wortlaut der Bild-Schlagzeile nicht korrekt wiedergibt. Böll weigerte sich, die in der Öffentlichkeit geläufige Herabsetzungsformel »Bande« für die terroristische Rote Armee Fraktion (RAF) zu benutzen. Er setzte stattdessen die neutrale Bezeichnung ›Gruppe‹ ein – das argumentative und sprachliche Niveau seines Gegners, des Springer-Konzerns und seiner Publikationen, wollte er sich nicht einmal in Gestalt des Zitats zu eigen machen.

Sehr wohl aber wollte er diesen Gegner treffen, und zwar präzise, mit gezielten argumentativen Schlägen, einer harten Wortwahl und der unnachsichtigen Benennung dessen, was die moralischen und politischen Dimensionen publizistischer Macht für ihn bedeuteten. Nicht weniger als fünf Bearbeitungsstufen ließ Böll seinen Artikel durchlaufen, bevor er ihn am 26. Dezember 1971, drei Tage nach Erscheinen des Bild-Beitrags, an den Herausgeber des Spiegel, Rudolf Augstein, sandte, versehen mit dem Titel »Soviel Liebe auf einmal« und verbunden mit der ausdrücklichen Bitte, an diesem Beitrag nichts ohne vorherige Rücksprache zu verändern: »Ich habs gut überlegt, gründlich überarbeitet, mehrmals neu ›gefaßt‹, und ich entdecke nichts zu Beanstandendes mehr« (KA 18, 454). Böll wusste, was er tat. Ihm war klar, dass er sich als

Einzelkämpfer auf ein politisch hochgradig vermintes Gelände begab. Auch deshalb sah er noch zehn Jahre später, im Rückblick auf die Entstehungszeit und den Publikationsort seines Textes, keinen Grund, sich von dessen Inhalt oder seiner Stoßrichtung zu distanzieren: »Der Artikel war polemisch, er hatte seine Zeit, entsprach ihr und der Stimmung, die damals herrschte. Er war polemisch, aber nicht verleumderisch; er entsprach dem, was ich mir unter Meinungsfreiheit vorstelle; was er außerdem war: er war beleidigend, beleidigend für Herrn Springer [...]« (KA 22, 87).

Es handelt sich, was den sachlichen Gehalt, den Gegenstand der Auseinandersetzung und die Faktenlage angeht, um eine Mischung aus Bericht und Analyse. Böll vergleicht die den *Bild*-Lesern angebotenen Informationen und Wertungen über die RAF-Aktivitäten mit den realen, verifizierbaren Vorgängen und Ereignissen, soweit sich diese aus polizeilichen Verlautbarungen und programmatischen Äußerungen der inkriminierten Organisation rekonstruieren lassen. Die *Bild*-Zeitung habe, so Böll, die der Tat allenfalls verdächtigen RAF-Mitglieder bereits als Täter benannt. Sie habe ihnen weitere Straftaten unterstellt, die ihnen ebenfalls bislang nicht nachgewiesen seien. Böll setzt dabei nicht einfach Meinung gegen Meinung, Überzeugung gegen Überzeugung, sondern er belegt anhand des Wortlauts die Differenz zwischen institutionellen Verlautbarungen (die Polizei hat »noch keine konkreten Anhaltspunkte« für eine Beteiligung der

RAF, auch wenn sie »selbstverständlich in dieser Richtung ermittelt«) und den nicht verifizierten Tatsachenbehauptungen (»Baader-Meinhof-Bande mordet weiter«). Es geht ihm um die Unverhältnismäßigkeit der Mittel, die gegen Verdächtige – nicht etwa Überführte oder gar Verurteilte – eingesetzt werden. Er besteht im Hinblick auf die Mitglieder der RAF bis zum Beweis des Gegenteils auf der Unschuldsvermutung: »In jeder Erscheinungsform von Rechtsstaat hat jeder Verdächtige ein Recht, daß, wenn man schon einen bloßen Verdacht publizieren darf, betont wird, daß er nur verdächtigt wird.« Das Fazit angesichts der Mischung von Unterstellungen und spekulativen Verdächtigungen, tendenziösen Konstruktionen und Vorverurteilungen ist eindeutig: »Die Überschrift ›Baader-Meinhof-Gruppe mordet weiter‹ ist eine Aufforderung zur Lynchjustiz.«

Empörung, Verletzlichkeit, Fassungslosigkeit grundieren den Artikel, durchziehen ihn leitmotivisch, ohne deshalb den darin vorgetragenen politischen Anspruch infrage zu stellen. Vor allem aber sieht Böll durch den Umgang der Bild-Zeitung mit Sprache sein Medium, das des Schriftstellers, im Kern bedroht. Hieraus erklärt sich auch die Akribie, mit der er sich bis in die feinsten Verästelungen eines denunziatorischen Sprachmissbrauchs vertieft, hieraus die Verve, mit der er seine Argumente vorträgt. Der Sarkasmus des Artikels bildet die Kehrseite des Widerwillens, den der Verfasser angesichts der Meinungsbildung durch die

Springer-Presse und die ihr gewährte politische Unterstützung empfindet: »Ich kann nicht begreifen, daß irgendein Politiker einem solchen Blatt noch ein Interview gibt. Das ist nicht mehr kryptofaschistisch, nicht mehr faschistoid, das ist nackter Faschismus. Verhetzung, Lüge, Dreck.« Mehr als nur eine Kampfansage an die *Bild*-Zeitung, war der Artikel Gesellschaftskritik, in einem umfassenden Sinn des Wortes: radikale, empörte, polemische Kritik am Zusammenspiel von Politik und Publizistik, an öffentlicher Selbstgerechtigkeit und privatem Spießertum, an einem Staat, der den Ansprüchen seiner Verfassung weder politisch noch juristisch gerecht wurde.

Für den »wirklichen Polemiker«, so hat Walter Benjamin 1932 anlässlich des chassidischen Schriftstellers Emanuel Bin Gorion bemerkt, »gibt es zwischen Persönlichem und Sachlichem gar keine Grenze. Nicht nur, was die Erscheinung seines Gegners angeht, sondern vor allem und noch mehr, die eigene. Ja – man erkennt ihn daran, daß er sein moralisches und intellektuelles, sein publizistisches und sein privates Leben der öffentlichen Meinung so deutlich macht wie ein Akteur sein Dasein auf der Bühne.« Dem Polemiker *par excellence,* so heißt es weiter im Hinblick auf die ästhetische Physiognomie dieses Typus, »ist die Kunst vertraut, die eigene Meinung so virtuos und bis in ihre letzten Konsequenzen zu verfolgen, daß der gesamte Vorgang umschlägt und die fast idiosynkratische Betonung der privaten Standpunkte, Vorurteile und Interessen zu einer schonungslosen Invektive gegen die herrschende Gesellschaft wird«. Bedürfte es für diese These eines Belegs – mit Bölls Text läge er vor. Auch bei Böll sind das Persönliche und das Sachliche untrennbar miteinander verbunden, auch in seiner Argumentation überschneiden sich die moralischen und intellektuellen Impulse mit den publizistischen und persönlichen Anteilen seines Engagements. Und doch lässt sich seine Polemik nur dann angemessen würdigen, wenn man sie nicht allein typologisch, sondern zugleich literatur- und rhetorikgeschichtlich als Teil einer traditionsreichen Gattung versteht, deren Wurzeln bis in die Antike zurückreichen. Frühzeitig, bei Ovid und Cicero schon, zeichnen sich die Konturen einer literarischen Form ab, die im 18. Jahrhundert, mit den religions- und gesellschaftskritischen Streitschriften eines Voltaire in Frankreich und eines Gotthold Ephraim Lessing in Deutschland, ihr Profil vollständig auszubilden beginnt, eine Gattung, die im 19. Jahrhundert in den scharfsichtigen, scharfsinnigen und scharfzüngigen Reisebildern und Essays eines Heinrich Heine und im 20. Jahrhundert in der *Fackel* eines Karl Kraus ihre herausragenden Repräsentanten besitzt. Böll selbst war sich dieser Tradition sehr wohl bewusst. Aber er wusste ebenso um den Abstand, den sein eigener Beitrag zu deren Glanzlichtern aufwies: »innerhalb der Tradition politischer Polemik gesehen – ist der *Spiegel*-Artikel verblüffend harmlos« (KA 18, 58).

Dass der Artikel gleichwohl zum Skandalon werden konnte, hat denn auch andere, durchaus nicht nur gattungsgeschichtliche Gründe. Schon die Überschrift des im *Spiegel* gedruckten Beitrags »Will Ulrike Gnade oder freies Geleit?« musste Aufsehen erregen. Durch die Aussparung des Familiennamens wurde eine – in Wahrheit nicht vorhandene – persönliche Nähe des Autors Heinrich Böll zum RAF-Mitglied Ulrike Marie Meinhof unterstellt. Dieser Titel war dem Text von der *Spiegel*-Redaktion eigenmächtig vorangestellt worden, »ohne mich zu fragen« (KA 22, 87), wie Böll 1981 im Rückblick betont hat. Der von ihm selbst vorgesehene Titel lautete »Soviel Liebe auf einmal«. Die Redaktion der *Bild*-Zeitung hatte mit dieser Wendung, die angeblich der Zuschrift einer Leserin entstammte, in der Ausgabe vom 23. Dezember 1971 die Liste vorweihnachtlicher Spenden überschrieben. Böll wählte dieses Zitat in ironischer Absicht, und in derselben Funktion erscheint die Wendung noch zweimal: »Wird *Bild* dementieren, sich korrigieren, oder wird Herr Springer sich an der Bildspalte auf Seite 5 trösten, die die Überschrift trägt: ›Soviel Liebe auf einmal‹? Dort werden die weihnachtlichen Spenden publiziert. Gott segne das ehrbare Handwerk«, liest man in der Mitte des Beitrags, verbunden mit einer sarkastischen Pointierung: »Ich hoffe, die Gräten im Weihnachtskarpfen waren nicht zu weich und haben sich tatsächlich quergelegt.« Der abschließende Satz nimmt die ursprünglich vorgesehene Überschrift in Gestalt einer klassischen Conclusio abermals auf – »Soviel Liebe auf einmal ist schwer zu ertragen, besonders in einem Rechtsstaat« – und rundet den Text, indem er seine Substanz zusammenfasst.

Was Bölls Essay für Teile der Öffentlichkeit aber vor allem fragwürdig machte, war der Verdacht, hier werde Partei für die RAF und deren bewaffnete Strategie ergriffen, ein Verdacht, der seine Ursache fraglos in der politisch aufgeheizten Atmosphäre der 1970er-Jahre besaß. Bölls Text war, wenn nicht auf Aussöhnung, so doch auf den Ausgleich unterschiedlicher politischer Positionen angelegt. Der Autor nimmt durchaus nicht Partei für die RAF. Ausdrücklich nennt er die programmatischen Äußerungen aus dem Untergrund »sinnlos«. Und unmissverständlich räumt er ein, dass die Gruppe um Andreas Baader und Ulrike Meinhof »im Kriegszustand mit dieser Gesellschaft« lebe. Seine Absicht sei es gewesen – so Böll in einem Brief an den damaligen Justizminister des Landes Nordrhein-Westfalen, Diether Posser –, »eine Art Entspannung herbeizuführen und die Gruppe, wenn auch versteckt, zur Aufgabe aufzufordern« (KA 18, 63). Aus diesem Grund bezeichnete Böll die RAF-Veröffentlichungen als »eine Kriegserklärung von verzweifelten Theoretikern, von inzwischen Verfolgten und Denunzierten, die sich in die Enge begeben haben, in die Enge getrieben worden sind und deren Theorien weitaus gewalttätiger klingen, als ihre Praxis ist«. Deshalb brachte er die rein zahlenmäßige Bedeutungslosigkeit der RAF

(›6 gegen 60 Millionen‹) ins Spiel. Deshalb konnte er nur wenige Tage später den Anspruch erheben: »Ich habe die Gruppe um Ulrike Meinhof *relativiert* – ja. Verharmlost nein. Ich habe versucht, die Proportionen zurechtzurücken. Nichts weiter.« (KA 18, 58)

Nicht zuletzt aber brachte Böll in seinem Artikel eine aufsehenerregende politische Alternative ins Spiel, welcher der *Spiegel* den Rang einer Schlagzeile zugewiesen hatte, einen sehr ungewöhnlichen Vorschlag, der seinerseits zur Skandalisierung des Textes beitragen sollte. »Will sie Gnade oder wenigstens freies Geleit?«, fragte Böll, um die Antwort auf diese rhetorische Frage sogleich anzuschließen: »Selbst wenn sie keines von beiden will, einer muß es ihr anbieten. Dieser Prozeß muß stattfinden, er muß der lebenden Ulrike Meinhof gemacht werden, in Gegenwart der Weltöffentlichkeit.« Daß dieser Vorschlag den Juristen und Politiker Diether Posser zum Widerspruch herausfordern musste, liegt auf der Hand. Böll denke offenbar an das »freie Prozeßgeleit des Mittelalters, an die einem flüchtigen Angeklagten erteilte Zusicherung, daß, wenn er sich dem Gericht stelle, er vor der Rache des Verletzten geschützt sei und im Falle der Verurteilung ungefährdet zurückkehren dürfe« (KA 18, 479). Er orientiere sich mit seiner Forderung »Gnade oder freies Geleit«, so Posser, an gänzlich überholten Rechtsvorstellungen. Böll hat diesen und andere sachgerechte Einwände durchaus gelten lassen. Worauf er aber bestand, das war das Recht des Schriftstellers auf eigene, künstlerische Wahrnehmungen und Ausdrucksformen. Er bitte, so Böll, »nur zu bedenken, daß ich mich nicht mit einer juristischen Definition der Termini ›Gnade‹, ›verfolgt‹ und ›kriminell‹ zufriedengeben kann. Ich muß als Autor in diesen Begriffen andere Dimensionen sehen, als ein Polizeibeamter, Jurist und Minister sie notwendigerweise sehen muß« (KA 18, 55).

Die Singularität von Bölls Beitrag zu den Debatten über die RAF bestand in der rigorosen Abrechnung mit der Doppelmoral der Deutschen. Er kritisierte die Gewaltförmigkeit des bewaffneten Kampfes in der Bundesrepublik, das »publizierte Konzept« der RAF wie ihren »sinnlosen Krieg«. Doch die juristische Scheinheiligkeit der Vorverurteilungen, die Komplizenschaft zwischen Politik und Presse, die Geschichtsvergessenheit der ›Wirtschaftswunder‹-Generation, die Spießermentalität des Fernsehpublikums – all diese öffentlich kaum thematisierten Problem- und Tabuzonen einer Gesellschaft, die mit sich selbst einverstanden war, verfielen seiner Kritik ebenso. Das machte ihn für beide Seiten verdächtig, für das konservative politische Lager wie für die Apologeten des RAF-Terrors.

Zu ihnen zählte auch Rechtsanwalt Horst Mahler, Mitbegründer und Unterstützer der RAF. Er war zum Zeitpunkt der Veröffentlichung wegen seiner Beteiligung an der Befreiung Andreas Baaders bereits inhaftiert. In einem Brief an Böll vom 31. Januar 1972, den die *Süddeutsche Zeitung* in ihrer Ausgabe vom 5./6. Februar 1972 publizierte, erklärte der einstige

APO-Anwalt in einem herablassenden und belehren-
den Ton, warum Bölls »Entspannungs«-Subtext bei
den Mitgliedern der RAF und ihren Sympathisanten auf Ablehnung stoßen müsse: »Leid ist nicht zu
beseitigen, wenn Mit-Leiden nicht zum Impuls wird,
die qualbringende Kausalkette handelnd zu durchbre-
chen. Worte allein leisten da wenig. Um die Verhältnisse wirklich zu verändern, muß man auf die Wonne
verzichten, dem Publikum als ›schöne Seele‹ zu gelten. [...] Ist Ihnen verborgen geblieben, daß alle Ap-
pelle an die RAF aufzugeben nur dem eigennützigen
Interesse ihrer Autoren dienen, die für sie lebensnot-
wendige Lüge von der Vergeblichkeit eines wirkenden
Widerstandes wiederherzustellen?«

Böll hat Mahler einige Wochen später, am 25. Mai
1972, geantwortet. Er setzte sich in seinem bislang
nicht veröffentlichten Brief ausführlich mit Mahlers
Argumenten auseinander, allerdings, angesichts des
von seinem Kontrahenten »hocherhobenen deutschen
Zeigefingers« (Böll), ohne die Illusion einer Annähe-
rung der Positionen. Bölls Brief ist ein ebenso nach-
denkliches wie nachdrückliches Plädoyer für Ge-
waltfreiheit, das auch die seinerzeit gegen ihn in der
Öffentlichkeit erhobenen Vorwürfe noch einmal in einem anderen Licht erscheinen lässt. »Können Sie sich
davon freisprechen«, fragt der als Schöngeist apostro-
phierte Schriftsteller, »dass Ihr Ausruf ›Wir werden
siegen‹, und dass die Parole vom bewaffneten Volks-
krieg etwas fürchterlich Literarisches hat? Eine blu-

tige Art Literatur, deren Umsteigen in die Tat nichts, nichts Glaubwürdiges hat. [...] Vor Ihnen fürchte ich mich, vor Ihrem verfluchten deutschen Zeigefinger, und vor der erbarmungslosen, puritanischen Kunst- und Literaturfeindlichkeit.« Es ist ein Brief der Abrechnung – mit Gewaltfantasien wie mit gewalttätiger Praxis, mit der pseudorevolutionären Legitimation von Gewalt wie der Verachtung von Menschen, die mit ihr einhergeht:

»Die Gewalt als Mittel zur sozialen und politischen Umwälzung in unserer Welt von heute kann nur eine Gewalt sein, die eine Minorität, dabei eine ganz winzige Minorität, gegen die überwiegende Mehrheit des Volkes ausübt. Und wie herrlich und erhaben dabei die Parolen klingen würden, deren Verwirklichung durch die Anwendung der Gewalt erreicht werden sollte, es würde hier keine Rechtfertigung für gewaltsames Vorgehen geben. Seit Jahrhunderten haben die Versuche, die Menschen gegen ihren Willen glücklich zu machen, viele Millionen Menschenleben gekostet. Dies gilt nicht nur für die Stunde des politischen Aufstands. Dies gilt auch im Kleinen. Das Streben zur eigenen Freiheit darf die Freiheit der andren nicht gefährden. Denn sonst führt dieses Streben direkt zur Diktatur und zum Tod jeglicher Freiheit. Das Recht auf die Entfaltung des eigenen Ich's darf die anderen Ich's nicht entrechten.«

Deutlicher konnte man es nicht sagen – und etwas anderes hatte Böll auch in seinem *Spiegel*-Essay nicht behauptet. Gleichwohl fand jene »Demagogie«, die sich durch die gesamte deutsche Presse zog und die »nicht ermessen« zu haben Böll im Rückblick einräumen musste (KA 18, 63), nur wenig später einen unrühmlichen parlamentarischen Höhepunkt. Während der Sitzung des Deutschen Bundestages am 7. Juni 1972 fasste der CDU-Abgeordnete Friedrich Vogel zusammen, worum es aus Sicht der konservativen Kritiker des Schriftstellers ging: »Es geht vor allem auch um diejenigen, die durch Wort und Tat den geistigen Hintergrund geschaffen haben und noch schaffen, von dem aus politische Gewaltkriminalität in unserem Lande glorifiziert und mystifiziert und vielfach sogar gerechtfertigt wird. Das habe ich gemeint, als ich neulich von den ›Bölls und Brückners‹ gesprochen habe, die das Wasser abgeben, in dem die Fische herumschwimmen.« (KA 18, 533) An rhetorischer Peinlichkeit war eine solche Äußerung kaum mehr zu übertreffen. Und doch gelang selbst dies noch in einer Zeit, in der die moralische Urteilsfähigkeit der Bereitschaft zur Denunziation gewichen war und Banausentum an die Stelle politischen Augenmaßes trat. Dem späteren Bundespräsidenten Karl Carstens, seinerzeit Fraktionsvorsitzender der CDU im Deutschen Bundestag, blieb es vorbehalten, während des nordrheinwestfälischen Landtagswahlkampfes am 12. Dezember 1974 nicht nur seine 3000 Zuhörer in Duisburg, sondern gleich die gesamte deutsche Bevölkerung aufzufordern, »sich von der Terrortätigkeit zu distanzieren, insbesondere auch den Dichter Heinrich Böll, der noch vor wenigen Monaten unter dem Pseudonym Katharina Blüm ein Buch geschrieben hat, das eine Rechtfertigung von Gewalt darstellt«.

Seit jenem *Spiegel*-Artikel, seit er seine Stimme gegen das öffentliche Unisono der Vorverurteilung von Mitgliedern der RAF erhoben hatte, stand Heinrich Böll unter Verdacht. Ein Verdacht, der sich auch in den folgenden Jahren nicht abschwächen sollte, der vielmehr über mehr als ein halbes Jahrzehnt zu immer neuen Diskussionen über die Frage seines angeblichen RAF-Sympathisantentums führte. Im Verlauf dieser Verdächtigungen kam es seit 1972 nicht nur zu Beschimpfungen und Schmähungen, Bedrohungen und Verleumdungen des Schriftstellers und seiner Familie, sondern immer wieder auch zu Vernehmungen, Razzien und Hausdurchsuchungen. Am 4. Oktober 1977, auf dem Höhepunkt der Fahndung nach Mitgliedern der RAF, schrieb Böll an seinen Freund Lew Kopelew in der Sowjetunion: »Es wird hier eine regelrechte Treibjagd auf Intellektuelle veranstaltet, von der rechten Presse (die ja unser Land fast beherrscht), von Politikern der CSU und CDU – es ist eine ganz, ganz üble und keineswegs harmlose Stimmungsmache und vor allem der Springer-Presse, und ich bin, wie könnte es anders sein, mitten in den Wirbel hineingeraten.«

10 … unteilbar wie die Freiheit selbst
Schreiben als Zeitgenossenschaft

Jene »üble Stimmungsmache«, von der Heinrich Böll im Oktober 1977 gesprochen hatte, zeitigte noch Jahre später erhebliche Folgen. Sie machten deutlich, dass die Kampagne im Kontext der RAF in der Tat »keineswegs harmlos« war. Vielmehr bezog sie die ganze Person, den politischen Menschen wie den Schriftsteller Heinrich Böll, gerade dadurch ein, dass man den einen vom anderen zu trennen versuchte. Beispielhaft lässt sich dieser über Jahre hinweg wirksame rote Faden anlässlich einer Ehrung durch die Stadt Köln erkennen. Am 16. November 1982 sah sich Böll genötigt, den damaligen Kölner Oberbürgermeister in einem Telegramm auf einen Sachverhalt hinzuweisen, der sich im Grunde von selbst versteht: »Auch Autoren und ihr Werk sind unteilbar wie die Freiheit selbst«. Vorausgegangen war Bölls Telegramm-Entwurf eine über mehrere Wochen sich hinziehende Auseinandersetzung um die Verleihung der Ehrenbürgerschaft der Stadt Köln an ihren bedeutendsten Autor. Am 5. November 1982 hatten sich die Ratsfraktionen von SPD, CDU und FDP gemeinsam entschlossen, Böll diese

Auszeichnung anlässlich seines 65. Geburtstages am 17. Dezember 1982 zuteilwerden zu lassen. Über die Ehrung selbst waren sich die Mitglieder des Stadtrats rasch einig geworden, nicht aber über der Wortlaut der Verleihungsurkunde und damit über die Begründung, die der Würdigung seines Werks zugrunde liegen sollte. Die Mitglieder der CDU-Ratsfraktion zeigten sich zwar bereit, den »meisterhaften Erzähler und Schriftsteller von internationalem Rang« zu würdigen, nicht jedoch den »mutigen Verteidiger der Freiheit und der freien Meinungsäußerung« und ebenso wenig den »kritischen und engagierten Beobachter gesellschaftlicher Fehlentwicklung«. Nachdem ihm die Absicht einer gleichsam kupierten Anerkennung seiner Leistungen bekannt geworden war, fügte Böll dem oben zitierten Sachverhalt die Erklärung an: »Eine halbe Ehrung kann ich nicht als solche verstehen, da sich in ihr eine halbe Diffamierung verbirgt «

Böll hat das Telegramm nicht abgeschickt – nicht abschicken müssen. Der Vermittlungskunst des Kölner Oberbürgermeisters Norbert Burger blieb es vorbehalten, die herausragenden Qualitäten des Schriftstellers und die Lebensleistung des kritischen Mitbürgers in einer Laudatio so zusammenzufassen, dass nicht nur die Mehrheit der Ratsmitglieder, sondern schließlich auch der zu Ehrende selbst dem Wortlaut zustimmen konnte. Die Conclusio lautete nun: »Mit respektvoller Anerkennung alles dessen u[nd] in herzlicher Verehrung des Menschen Heinrich Böll verleiht der Rat der Stadt Köln Ihnen, dem Literatur-Nobelpreisträger, dem meisterhaften Erzähler u[nd] Schriftsteller von internationalem Rang, in Würdigung Ihrer Person sowie der Spannweite Ihres literarischen Werks und Ihres gesellschaftlichen Engagements, das auch in Ihren Werken zum Ausdruck kommt, das Höchste, das diese Stadt zu vergeben hat: das Ehrenbürgerrecht Ihrer Vaterstadt Köln.« (KA 22, 696 f.)

Damit fand der Vorgang, der sich zur Posse auszuwachsen drohte, ein Ende. Er wäre – sieht man einmal von seinem anekdotischen Reiz ab – keiner weiteren Erwähnung wert, müsste man ihn nicht als ein Symptom verstehen, gerade im Hinblick auf den Schriftsteller Heinrich Böll. Bereits Mitte der 1950er-Jahre sah er sich zu einer kritischen, bisweilen polemischen Kommentierung politischer Vorgänge in der noch jungen Bundesrepublik Deutschland herausgefordert, und zwar seit jenem »Augenblick, als die Wiederaufrüstung propagiert wurde« (KA 25, 129). Was ihn seither zur Intervention bewog, war der »Verfall der öffentlichen Meinung« (Böll), die, gleichviel ob in Gestalt der Medien oder gesellschaftlicher Institutionen, die ihr zukommenden oppositionellen Aufgaben nicht hinreichend wahrnehme. Aufgrund dieses Mangels bezog er immer entschiedener auch gesellschaftspolitisch Position. So protestierte er 1960 gemeinsam mit anderen Autoren gegen die von Konrad Adenauer betriebene, am Ende durch das Bundesverfassungsgericht untersagte Gründung eines regierungsnahen

»Deutschland-Fernsehens«. Er äußerte sich 1961, anlässlich des Eichmann-Prozesses in Jerusalem, zu Fragen von Schuld und Verantwortung für den Genozid an den Juden. Er wandte sich 1962 gegen die Verlängerung des Wehrdienstes in der Bundeswehr von 12 auf 18 Monate, und er protestierte 1968 verschiedentlich gegen die Notstandsgesetzgebung – Interventionen, die immer wieder auch Widerspruch hervorriefen, Schmähungen nach sich zogen und aus dem Schriftsteller Heinrich Böll *peu à peu* eine umstrittene Figur machten.

Hierfür ein konkretes Beispiel. Am 24. September 1966 erregte Heinrich Böll mit seiner »Dritten Wuppertaler Rede« erhebliches Aufsehen. Diese Rede widmete sich einem scheinbar unverfänglichen Thema: *Die Freiheit der Kunst* (KA 15, 210–215). Der Redner verstand es jedoch, den Bogen von den Möglichkeiten der Kunst (»sie *ist* die einzig erkennbare Erscheinungsform der Freiheit auf dieser Erde«) assoziations- und gedankenreich zur gesellschaftlichen Situation in der Bundesrepublik Deutschland zu schlagen: »Dort, wo der Staat gewesen sein könnte oder sein sollte, erblicke ich nur einige verfaulende Reste von Macht, und diese offenbar kostbaren Rudimente von Fäulnis werden mit rattenhafter Wut verteidigt. Schweigen wir also vom Staat, bis er sich wieder sehen lässt.« Diese wenigen Sätze wurden umgehend und immer aufs Neue, zum Teil falsch oder sinnentstellend zitiert und aus ihrem Zusammenhang gelöst, gegen Böll ins

Feld geführt. Dieser sah sich nicht nur genötigt, gegen den Journalisten Mathias Walden gerichtlich vorzugehen, sondern er wurde zudem durch den Politikwissenschaftler Dolf Sternberger über ein angemessenes Staatsverständnis belehrt. Bezieht man aber den Kontext ein, auf den sich die inkriminierte Äußerung bezog, so hatte sich der Redner nichts weiter zuschulden kommen lassen, als eine politische Misere mit scharfen Worten präzise zu benennen. Ende 1966 gab es eine Regierungskrise, die in der Unfähigkeit des damaligen Bundeskanzlers Ludwig Erhard (CDU) begründet lag, nach dem Austritt der FDP aus der Koalition mit der CDU eine neue Regierung zu bilden. Gleichwohl hielt Erhard an seinem nicht mehr handlungsfähigen Minderheitskabinett fest. Die im Hintergrund agierenden Politiker Rainer Barzel (CDU) und Franz Josef Strauß (CSU) warteten auf eine Chance zur Ablösung. Sie zögerten jedoch, einen Machtwechsel herbeizuführen, weil dieser in der deutschen Öffentlichkeit als das wahrgenommen worden wäre, was er am Ende auch war: die Bankrotterklärung christlich-demokratischer Politik. Tatsächlich hatte Böll nicht den Staat diffamiert, sondern den Umgang der Politiker mit ihm. Noch Jahre später sah er Grund zu der Klarstellung, »daß diese Rede eine Verteidigung des Staates ist« (KA 19, 49).

Doch nicht allein gesellschaftliche Entwicklungen in Deutschland, sondern auch der Volksaufstand 1956 in Ungarn veranlassten ihn zu öffentlicher Kri-

tik, ebenso der Krieg der Franzosen in Algerien, gegen
den er sich 1960, gemeinsam mit 120 anderen Autoren, in einem offenen Brief an den französischen Kul-
turminister André Malraux wandte. Fast von selbst
versteht sich in diesem Zusammenhang sein wieder-
holter Protest gegen den Krieg in Vietnam und gegen
die Niederschlagung des Prager Frühlings 1968. Nicht
vergessen sei sein vielfältiges Engagement für Schriftsteller aus den Staaten des Warschauer Pakts, zum Teil
in Form sehr persönlicher Gesten wie im Fall von Alexander Ginzburg, Andrej Sinjawski, Juli M. Daniel,
Andrej Sacharow und Alexander Solschenizyn, oder
aber in seiner Funktion als Präsident des Internationalen P.E.N. Er hat gegen die Stationierung von Per-
shing-Raketen in Mutlangen demonstriert, und er hat
seine Prominenz für die vietnamesischen Boatpeople
auf dem Flüchtlingsschiff Cap Anamur eingesetzt. Im
Lauf von mehr als drei Jahrzehnten entwickelte sich
Heinrich Böll zur öffentlichen Figur – ein Intellektueller, der die Tradition des Zola'schen *J'accuse* aufnahm
und diese auf seine Weise fortführte, ein Schriftsteller,
der sein Medium, die Sprache, nicht allein zum spielerischen Umgang mit den Möglichkeiten der Fiktion
zu nutzen verstand, sondern ebenso zum ernst zu neh-
menden Eingriff in gesellschaftliche Debatten.

Wie sehr dieses Bedingungsverhältnis missverstanden werden konnte, zeigte exemplarisch das Beispiel der Kölner Ehrenbürgerschaft. Doch die wohl
schärfste Kritik, die das gesellschaftliche Engagement

161

Bölls auf sich zog, hatte zuvor ein anderer namhafter Intellektueller formuliert, der neben Arnold Gehlen bedeutendste deutsche Soziologe konservativer Prägung: Helmut Schelky. »Heinrich Böll – Kardinal und Märtyrer« ist in Schelskys Streitschrift *Die Arbeit tur die anderen. Klassenkampf und Priesterherrschaft der Intellektuellen* (zweite Auflage 1975) jener mehr als 20 Druckseiten umfassende »Exkurs« überschrieben, den der Autor dem seiner Ansicht nach »wohl bekanntesten ›engagierten Schriftsteller‹ der Bundesrepublik« gewidmet hat. Ausdrücklich trennt Schelsky »die literarisch-ästhetische Leistung des Dichters und Schriftstellers« – mit der Begründung: »Davon verstehe ich nicht genug« – von dem »soziologisch [...] ungemein aufschlußreiche[n] Gegenstand« Böll, den er die »repräsentative Figur [...] in der Gemeindebildung der neuen sozialen Heilsbewegung« nennt.

Liest man Schelskys Streitschrift gut vier Jahrzehnte nach ihrem ersten Erscheinen und damit aus der inzwischen gewonnenen zeit- und wissenschaftsgeschichtlichen Distanz, so kann man sich des Eindrucks kaum erwehren, hier argumentiere ein Sozialwissenschaftler gegen einen sachfremden Eindringling ins eigene Fachgebiet. Die metaphorischen Anleihen bei der literarischen Terminologie verraten den Impuls, den Gegner nun auf dessen eigenem Feld stellen und schlagen zu wollen. Bezeichnenderweise teilt Schelsky seine Polemik nach klassischem Tragödienmuster in fünf »Akte« ein, auch wenn sein Text in Wahrheit eher dem literarischen Vorbild der Farce folgt. Die Überschriften für die fünf untergliedernden »Akte« lauten: »Böll greift an«, »Böll ist zerknirscht«, »Böll – der Märtyrer der ›Intellektuellenhetze‹«, »Böll der Nobelpreisträger«, »Böll rächt sich«. Es handelt sich um Schlagzeilen, deren teils spöttischer, teils verächtlicher Unterton in mancherlei Hinsicht den Verdammungsurteilen der Springer-Presse in den 1970er-Jahren entspricht. Der Soziologe attestiert dem Schriftsteller eine »Sprache der Glaubenshysterie« und eine »Naiv-Demagogie«; Bölls »Sprachgebrauch« nennt er »sachfremd, zum Teil antiquiert religiös«; er unterstellt ihm eine »naive Ichbezogenheit«; er bezeichnet ihn als »emotional-naiven Denker« und als »mit seinem Leid wuchernden Egozentriker der publizistischen Macht«; und er prophezeit ihm für die Zeit nach der Verleihung des Nobelpreises 1972 »literarische Belanglosigkeiten, ja politische Peinlichkeiten«.

Nicht ein kritisches, sondern ein vernichtendes Urteil wird hier über Böll gesprochen. Es handelt sich keineswegs um eine soziologisch ernst zu nehmende Analyse von Voraussetzungen und Folgen der öffentlichen Wirkung prominenter Autoren in der Bundesrepublik Deutschland. Vielmehr glaubte der renommierte und streitbare Soziologe, »in Böll als Person und in seinen politisch-publizistischen Aktionen ein Musterbeispiel dafür zu haben, wie die Glaubenskämpfer der sozialen Heilsreligion aussehen und wie sie ihre Glaubens- und Klassenkämpfe auch weiterhin durchführen werden«.

Er nimmt dafür die methodologische Fragwürdigkeit in Kauf, den Schriftsteller vom Publizisten Böll zu trennen und dessen literarisches Werk von seinen öffentlichen Interventionen kategorial abzugrenzen.

Die widersprüchliche Problematik dieses Unterfangens zeigt sich an Schelskys Bemühung, anhand der Erzählung *Die verlorene Ehre der Katharina Blum oder: Wie Gewalt entstehen und wohin sie führen kann* zu zeigen, dass Böll »geistig und literarisch gar nicht die Fähigkeit hat, das Milieu und die geistigen Kräfte zu verstehen oder zu gestalten, aus denen die ›Gewalt‹ bei Baader oder Meinhof entstanden ist«. Doch dies ist weder das Thema des Buches noch die Absicht des Autors. Im Mittelpunkt stehen vielmehr der Umgang der Boulevard-Presse mit Menschen, die eines Verbrechens verdächtigt werden, sowie die »Gewalt«, die diesem bloßen Verdacht strukturell innewohnt, und nicht zuletzt die Folgen, die aus einer solchen Konstellation hervorgehen können. Es ist keine Erzählung über die RAF, sondern eine über die Gewalt der Presse – »und wohin sie führen kann«.

Schelskys Versuch, diesen Text »unter soziologischen, also keineswegs literarischen Gesichtspunkten« zu verstehen, muss misslingen, weil der Soziologe die entscheidenden literarischen und sprachkünstlerischen Signale der Erzählung ignoriert. Schon der ungewöhnliche Untertitel macht deutlich, dass es sich bei dieser Erzählung um ein literarisches Lehrstück handelt. Das vorangestellte Motto präzisiert die kritische Absicht, indem es den Adressaten der Kritik ausdrücklich benennt: »Personen und Handlung dieser Erzählung sind frei erfunden. Sollten sich bei der Schilderung gewisser journalistischer Praktiken Ähnlichkeiten mit den Praktiken der ›Bild‹-Zeitung ergeben haben, so sind diese Ähnlichkeiten weder beabsichtigt noch zufällig, sondern unvermeidlich.« (KA 18, 322) Diese Distanz schaffenden Einlassungen des Erzählers zu Beginn und nicht weniger die leitmotivisch wiederkehrenden, ironischen und selbstironischen und ebenso die »sozusagen technischen Zwischenbemerkungen« (»In dieser Geschichte passiert zu viel. Sie ist auf eine peinliche, kaum zu bewältigende Weise handlungsstark: zu ihrem Nachteil«, KA 18, 387) lassen erkennen: Es handelt sich um erzählstrukturelle, an die Leser sich wendende Signale, die eine ausschließlich inhaltlich orientierte, etwa »soziologische« Lesart gerade verhindern sollen. Deutlicher ließ es sich kaum ausdrücken – und doch sah sich Böll noch zehn Jahre nach der ersten Veröffentlichung zu dem Hinweis veranlasst, dass es sich um ein »als Erzählung verkleidete[s] Pamphlet gegen die ZEITUNG« und nicht um einen »Terroristen-*Roman*« (KA 22, 430) handele.

Nun ist gegen Polemik so wenig einzuwenden wie gegen Satire und Sarkasmus, erst recht nicht vonseiten eines Autors, der sich solcher Stilmittel seinerseits verschiedentlich und mit Erfolg bedient hat. Böll äußerte sich denn auch 1975 in seinem ausführlichen

Gespräch mit Christian Linder in vergleichsweise moderatem Ton zu Schelskys Polemik. Er räumt darin ein, dass ihm – und ebenso Günter Grass – die Rolle eines »Gewissens der Nation« zugeschrieben werde, ja, dass er sich selbst »in die Rolle desjenigen, der hin und wieder Zeitgeschehen kommentiert«, habe drängen lassen. Ein »Fehler«, wie Böll bekennt. Doch der entscheidende Impuls für die Bedeutung des Schriftstellers als einer sozialen »Instanz« sei nicht der unterstellte Herrschaftsanspruch prominenter Autoren gewesen: »Der Verfall der öffentlichen Meinung [...] und der Verfall der öffentlichen Kontrollen ist die Ursache dafür, daß Intellektuelle und Schriftsteller und ähnliche Figuren eine Bedeutung bekommen haben, der ihre reale Macht nie entsprochen hat und nie entsprechen wird.« (KA 24, 540) Die von Bölls Interviewpartner thematisierte »Gefahr«, dass »der Schriftsteller Heinrich Böll mehr mit seinen Erklärungen als mit seinen Büchern in Verbindung gebracht wird, die Bücher sozusagen hinter den politischen Kommentaren verschwinden« – diese Gefahr sieht Böll durchaus. Ihre Problematik bestehe darin, »daß man gleichzeitig eine moralische Autorität und eine amoralische Autorität wird, für die einen dies und die anderen das. Ich will diese Rolle nicht [...]«. (KA 24, 541 f.)

Für Schelsky war das Thema damit nicht beendet. In einem Nachtrag zur zweiten Auflage seiner Streitschrift bezog er sich explizit auf Bölls Gespräch mit Christian Linder. Seine Replik macht deutlich, wie sehr der Soziologe die Figur des literarischen Intellektuellen als Eindringling ins Feld des Sozialwissenschaftlers sah. Bezeugte er einerseits Dankbarkeit dafür, dass Böll »gemeinsame Absichten bei mir anerkennt und daß er in diesem Sinne weiterführende Fragen stellt«, so unterbreitete er andererseits Vorschläge für eine Behebung des auch von Böll diagnostizierten »Zwiespalts«, die das grundsätzliche Missverständnis über Bedeutung und Funktion des Schriftstellers in der Bundesrepublik Deutschland eher verstärkten, als es aufzulösen. »*Schweigen* in dieser Art von Medien, Enthaltung von dieser Art der Äußerungen« heißt Schelskys erste Empfehlung an die Autoren. Die zweite: Aussicht auf »ein privat bleibendes Experiment« einer »kontrovers« zusammengesetzten Gesprächsrunde von Literatur und Wissenschaft, mit dem Ziel einer »stillschweigenden Verständigung«, verbunden mit dem Verzicht auf den »Grundfehler« öffentlicher Stellungnahmen.

Aus beiden Vorschlägen ist, wie man weiß, nichts geworden, und dies mit gutem Grund. Zum einen konnte und kann es eine »Gesprächsrunde« zwischen Literatur und Wissenschaft – zumindest in dem von Schelsky intendierten Sinn – nicht geben, da diese vorausgesetzt hätte, Literatur nach dem Argumentationsmuster Schelskys auf eine empirische, ›wissenschaftlich‹, in diesem Fall also ›soziologisch‹ nachprüfbare Faktizität zu reduzieren und sie damit um ihren poetischen, subversiven, wissenschaftlich gerade nicht verifizierbaren Mehrwert zu bringen. Zum anderen hat sich Böll, Schelskys Intervention zum Trotz, weiterhin zu Fragen von öffentlichem Interesse geäußert, weil der von ihm beklagte »Verfall der öffentlichen Meinung« weiterhin bestand und damit aus Bölls Sicht die Notwendigkeit, zu Fragen von öffentlicher Bedeutung Stellung zu nehmen, wie auch zuvor schon: in Medien mit unterschiedlicher Resonanz und Reichweite.

In dieser Hinsicht war Heinrich Böll bekanntlich kein Einzelfall. Auch Günter Grass und Martin Walser, Alfred Andersch und Hans Magnus Enzensberger können für das Zusammenspiel von literarischer Entwicklung und publizistischer Bedeutung in der Bundesrepublik Deutschland stehen. Es handelt sich um ein Generationenphänomen, das Autoren in der – für Deutschland nicht eben repräsentativen – Tradition des Gesellschaftskritikers und des Kommentators öffentlichkeitsrelevanter Vorgänge miteinander verbindet. Eine Tradition, die sich auf die im Dritten Reich verfemte und vertriebene Generation republikanisch orientierter Intellektueller der Weimarer Zeit zurückführen lässt – auf Heinrich Mann und Thomas Mann etwa oder auch auf Kurt Tucholsky und Bertolt Brecht – und auf deren Vorläufer, auf Autoren des literarischen Vormärz wie Ludwig Börne und Heinrich Heine. Jürgen Habermas hat das Profil dieses Intellektuellen-Typus in einer bündigen Definition skizziert: »[D]ie Intellektuellen wenden sich, wenn sie sich mit rhetorisch zugespitzten Argumenten für verletzte Rechte und unterdrückte Wahrheiten, für fällige Neuerungen und verzögerte Fortschritte einsetzen, an eine resonanzfähige, wache und informierte Öffentlichkeit. Sie rechnen mit der Anerkennung universalistischer Werte, sie verlassen sich auf einen halbwegs funktionierenden Rechtsstaat und auf eine Demokratie, die ihrerseits nur durch das Engagement der ebenso mißtrauischen wie streitbaren Bürger am Leben bleibt. Nach seinem normativen Selbstverständnis gehört dieser Typus in eine Welt, in der Politik nicht auf Staatstätigkeit zusammenschrumpft; in der Welt des Intellektuellen ergänzt eine politische Kultur des Widerspruchs die Institutionen des Staates.«

Alle diese Kriterien treffen auch auf Heinrich Böll zu. Doch neben der Orientierung an politischen, systemischen und institutionellen Problemzonen gehört zu seinem Selbstverständnis eine zweifache Legitimation: zum einen die moralische Qualität seines Einspruchs oder Protests – ausdrücklich hat Böll 1975 »die völlige Entleerung der öffentlichen Moral« (KA 24, 541), als Voraussetzung für sein gesellschaftliches Engagement benannt; zum anderen der Selbstentwurf als antiautoritärer Einzelgänger, der sich reglementierenden Vorgaben von Organisationen und Institutionen in keiner Hinsicht verpflichtet sieht. Zwar hat sich Böll Theologen wie Helmut Gollwitzer, Kurt Scharf und Heinrich Albertz, Künstlern wie HAP Grieshaber und Klaus Staeck, Schriftstellern wie Günter Grass, Erich Fried und Günter Wallraff durchaus verbunden gefühlt. Er hat sich gelegentlich, wenn es der öffentlichen Resonanz für eine gemeinsam zu fördernde Sache zugutekam, auch mit anderen verbündet. Doch als Schriftsteller wollte sich der intellektuelle Nonkonformist Heinrich Böll von der einzigen Bindung nicht frei machen, die ihn zur öffentlichen Interventionsbereitschaft legitimierte. In den einleitenden Bemerkungen zu seinen *Frankfurter Vorlesungen* hat Böll auf diesen Zusammenhang ausdrücklich hingewiesen: »Obwohl als einzelner schreibend, ausgestattet nur mit einem Stoß Papier, einem Kasten gespitzter Bleistifte, einer Schreibmaschine, habe ich mich nie als einzelnen empfunden, sondern als Gebundenen. Gebunden in Zeit und Zeitgenossenschaft, an das von einer Generation Erlebte, Erfahrene, Gesehene und Gehörte, das autobiographisch nur selten annähernd bezeichnend genug gewesen ist, um in Sprache gefaßt zu werden [...]« (KA 14, 139).

Man muss sich, um diesen Zusammenhang angemessen beurteilen zu können, noch einmal Bölls Schreibanfänge vergegenwärtigen. Sein Renommee, das auf den Soziologen Schelsky so provozierend wirkte, verdankte sich seinem einzigartigen Frühwerk, den Erzählungen aus dem Krieg, den Satiren und Hörspielen und vor allem den Romanen, von *Wo warst du, Adam?* (1951) über *Und sagte kein einziges Wort* (1953) bis zu *Billard um halbzehn* (1959). Frühzeitig aber, beginnend mit seinem Essay *Bekenntnis zur Trümmerliteratur* (1952) und seiner Rezension zu Alfred Anderschs Erzählung *Die Kirschen der Frei-heit* (*Wo sind die Deserteure?*, 1953), hatte Böll seiner schriftstellerischen Karriere auch publizistisch einen Weg gebahnt, als Rezensent wie als Berichterstatter für Zeitungen und Zeitschriften und ebenso als Interview-partner des Rundfunks. Es handelt sich um Arbeiten, die in erster Linie der Notwendigkeit entsprangen, als Familienvater Geld verdienen zu müssen. Doch man sollte den nach dem Prinzip kommunizierender Röh-ren funktionierenden Nebeneffekt nicht übersehen, der die besondere Qualität dieser Doppelstrategie aus-macht: In dem Maß, wie der Ruhm des Autors sich mehrte, wuchs die Bereitschaft des Publikums, auch den Intellektuellen zu hören. *Et vice versa:* Die wach-sende Popularität des öffentlichen, auch und gerade des umstrittenen Intellektuellen sorgte zugleich für eine erhöhte Resonanz auf sein literarisches Werk.

Dieses komplexe Verhältnis von Einzelgängerdasein und Zeitgenossenschaft, Interventionsbereitschaft und Nonkonformismus bildet die Grundlage des lite-rarischen wie des publizistischen Werks und Wirkens. Zu erinnern ist an ein Credo, das Böll 1979, im Erschei-nungsjahr seines Romans *Fürsorgliche Belagerung,* ge-sprächsweise mit der Formulierung pointiert hat: »Ich glaube, daß man das gar nicht trennen kann, daß auch ein Essay oder ein Pamphlet, so eine Polemik, die ich schreibe, genauso, sagen wir literarisch ist wie ein Ro-man, den ich schreibe.« (KA 25, 511) Sprachfähigkeit bedeutet Fähigkeit zur Kritik wie zum künstlerischen

Spiel, zum treffsicheren Urteil wie zu begründeter Parteilichkeit. Gleichviel, ob Böll einen *Brief an einen jungen Katholiken* (1958) schrieb oder *Die Freiheit der Kunst* (1960) verteidigte, ob er *Das Ende der Bescheidenheit* (1969) für geboten hielt oder »freies Geleit« (1972) für Ulrike Meinhof forderte – seine öffentliche Kritik an Zuständen und Entwicklungen in der Bundesrepublik Deutschland ist von seiner sprachkünstlerischen Wahrnehmungsfähigkeit allererst angeregt worden und leitet sich von dieser her. Ob der Roman *Ansichten eines Clowns* (1963) mit einer Kritik am etablierten Katholizismus ob *Gruppenbild mit Dame* (1971) mit der Feier unbeirrbarer Subjektivität inmitten von Spekulantenwirklichkeit oder ob *Fürsorgliche Belagerung* (1979) mit einem Wirklichkeitsausschnitt nach dem »deutschen Herbst« des Jahres 1977 – Bölls Sprache ermöglicht ihm, als Kunstform wie als Kommunikationsmittel, die Wahrnehmung, Mitteilung und Verarbeitung defizienter Modi der Wirklichkeit.

11 Gesamtdeutsches Jägerlatein
Heinrich Böll und die DDR

Unter dem Titel *Gesamtdeutsches Jägerlatein* (KA 12, 322–327) schilderte Heinrich Böll am 2. März 1962 in der Wochenzeitung *Die Zeit* »Merkwürdige Erfahrungen während eines Besuches bei Kollegen in Ostberlin« (Untertitel). Er nannte diese Kollegen in seinem Bericht »A.« und »B.« – Kenner der deutschsprachigen Gegenwartsliteratur konnten sie aufgrund des skizzierten Äußeren, ihres Habitus und rekonstruierbarer Lebensstationen unschwer als Stephan Hermlin und Eduard Claudius identifizieren. Mit Hermlin war Böll bereits in den 1950er-Jahren zusammengetroffen, hatte gelegentlich auch mit ihm korrespondiert, dabei aber eine deutliche Distanz gegenüber dem in seinen Augen allzu linientreuen Autor erkennen lassen. Der seit 1947 in Ostberlin lebende Schriftsteller verfügte über gute Kontakte zu Autoren in Westdeutschland. Zudem besaß er ein vorzügliches Gespür für brisante, öffentlichkeitswirksame Themen und verheißungsvolle Gesprächskonstellationen. Deshalb hatte Hermlin wiederholt versucht, seinen namhaften Kollegen von der Dringlichkeit eines Schriftstellertreffens zu überzeugen. Allein im Jahr 1960 bemühte er sich vor dem Hintergrund des sich zuspitzenden Ost-West-Konflikts mehrfach, Böll für eine Begegnung zu gewinnen, brieflich im Oktober und im November, telefonisch im Dezember, anlässlich einer Lesung Bölls in Westberlin: »Die Atmosphäre über Deutschland ist erstickend; verpestet von Gemeinheit, Verleumdung, Mißtrauen. Vielleicht müßte man laut [...] proklamieren: ›Wir lassen uns nicht gegeneinander hetzen!‹ Vielleicht müssen wir es sofort tun«, heißt es in einem Schreiben Hermlins vom 29. Oktober 1960 (KA 12, 721).

Knapp zwei Monate später war es so weit. Man traf sich am 18. Dezember 1960 im Hotel Newa, Invalidenstraße 115, *comme il faut* könnte man sagen: ein repräsentativer Ort nahe dem Berliner Nordbahnhof, bekannt für die Ausrichtung bürgerlicher Hochzeitsfeiern, mit guter Küche und gepflegter Bar, der bis zum Bau der Mauer am 13. August 1961 einen besonderen Ruf als Begegnungsort stadtbekannter Honoratioren, namhafter Künstler und diverser Geheimdienstmitarbeiter aus Ost und West besaß. Böll weiß 1962 in seinem *Zeit*-Aufsatz von gedämpfter Stimmungsmusik »irgendwo zwischen Wagner und Verdi« zu erzählen, von Plüschvorhängen, von einer aus Mobiliar, Bedienung und Speisekarte sich zusammensetzenden spießigen Atmosphäre, die in ihm den Eindruck eines »›Lokal[s] für bessere Kreise‹ aus dem Jahr 1911« erweckte.

Heinrich Böll im Gespräch mit Stephan Hermlin, dem kulturpolitisch einflussreichsten Schriftsteller der DDR, Mitglied der SED, Nationalpreisträger und Freund des späteren Nationalratsvorsitzenden Erich Honecker, und Eduard Claudius, dem einstigen Kämpfer der Internationalen Brigaden im Spanischen Bürgerkrieg, Autor zahlreicher Romane, von 1956 bis 1961 im diplomatischen Dienst der DDR tätig, zunächst als Generalkonsul in Syrien, danach als Botschafter in Nordvietnam – das war in der Tat eine politisch-kulturell verheißungsvolle Konstellation, eine Begegnung, die Strittiges bereithielt und Kontroversen in sich barg, die Aufschluss versprach über unterschiedliche politische Wahrnehmungen wie über literarische Wertungen aus ost-westlicher und west-östlicher Perspektive.

In Wahrheit aber verlief die Begegnung in jeder Hinsicht enttäuschend. Das Gespräch plätschert dahin. Es streift Banales und berührt Bagatellen, darunter Kollegentratsch und Tantiemenfragen, automobile PS-Stärken und west- wie ostdeutsche Reizfiguren des politischen Lebens. Nur ein einziges Mal, so Böll, und nur für kurze Zeit kommt Interessantes, gar Brisantes auf, nämlich »der für Schriftsteller angemessene Gesprächsstoff: Literatur«: »Der neue Roman von Stefan Heym, noch nicht erschienen, wird gerade vor irgendeinem Gremium diskutiert, verteidigt. Stell ich mir vor, ich müßte vor den Herren Kurella, Abusch, Strittmatter (und vor Frau Strittmatter!) einen Roman verteidigen oder verteidigen lassen – da bricht

mir der Angstschweiß aus.« Das ist alles zum Thema
›Literatur‹, obwohl es sich bei dem besprochenen Roman um Stefan Heyms *5 Tage im Juni* handelt, ein um-
strittenes Werk, das seinerzeit im Osten Deutschlands
nicht erscheinen durfte, das deshalb 1974 zuerst in
der Bundesrepublik publiziert wurde und seine Veröffentlichung in der DDR erst 1989 erlebte, mit der Ver-
spätung von fünfzehn Jahren.

Was an Gesprächsthematik und Konversation folgt,
nutzt Böll für den Titel seines Aufsatzes: »Gesamtdeutsches Jägerlatein«. Das heißt: fachkundige Plaudereien
der Kollegen A. und B. über waidmännisches Handwerk in der DDR wie im fernen Asien, Jäger-Sottisen,
die den Kommunikationsformen westdeutscher Jung-
industrieller mit vergleichbaren Hobbies nicht un-
ähnlich gewesen zu sein scheinen. Sie lassen dem Berichterstatter Böll Zeit und Raum für gesprächsferne
Beobachtungen, die das Publikum, das gastronomische
Personal und die Kleidung seiner Gesprächspartner
(»Tweed« vs. »Kammgarn«) betreffen. Den Abschluss
des Textes bildet ein ironisches Räsonnement, das
die dem Waidwerk eher fern stehende Literaturszene
Westdeutschlands gegen die Jagdprivilegien der Kollegen in der DDR ausspielt.

Diese »merkwürdigen Erfahrungen« dürften es gewesen sein, die Böll dazu bewogen haben, weitere Angebote zu Reisen in die DDR abzulehnen. Bereits Anfang 1961, kurz nach jener Begegnung in Ostberlin, war
er wiederum eingeladen worden, dieses Mal zum Tref-

fen des DDR-Schriftstellerverbandes in Weimar. Er hat die Einladung unumwunden zurückgewiesen. Seine Ablehnungsbegründung in einem Brief vom 23. Januar 1961 spricht für sich: »Lieber Stephan Hermlin, wenn ich in meiner Anwesenheit in Weimar auch nur den geringsten Sinn sehen würde, käme ich, auch wenn es wie neulich mit meinen Arbeitsplänen nicht so ganz paßte; aber ich sehe keinen, nur die Gefahr einer Mißdeutung beiderseits der Grenzen. [...] Ich kann mir nicht helfen. Lieber Hermlin, Sie und Ihre Kollegen sind denn doch zu sehr Funktionär, Sie wären es nicht mehr, wenn Sie mit der gleichen Verve U.[lbricht] kritisieren könnten, wie wir A.[denauer] kritisieren; vielleicht möchten Sie U. nicht kritisieren – gut – aber das macht die Sache noch schlimmer.«

Böll sieht sich hier in der Tradition des öffentlichen Intellektuellen. Er ist gewohnt, sein Medium, die Sprache, zur öffentlichen Kritik der politisch Herrschenden zu nutzen. Nicht in den Mechanismus einer Partei eingebunden zu sein, erscheint ihm hierfür als unabdingbare Voraussetzung. Die im Schriftstellerverband der DDR organisierten Autoren hingegen verhalten sich in Bölls Augen konformistisch und opportunistisch. Diesen Widerspruch problematisiert das Ablehnungsschreiben. Zumindest die Funktionäre unter ihnen praktizieren Solidarität mit den Machthabern und genießen Privilegien. Hermlin ist für Böll nicht nur Partei, sondern dient seiner Partei, der SED, und zwar vorbehaltlos, wie sich nur wenige Monate später zeigen wird, als er in einem offenen Brief für den Bau der Berliner Mauer eintritt. Kritik an der Partei, gar von außerhalb, ist für Hermlin zu diesem Zeitpunkt undenkbar. Sie würde die SED – insbesondere ihre Führung und damit den ›real existierenden Sozialismus‹ insgesamt – in seinen Augen schwächen. Erst 1976, angesichts der skandalösen Ausbürgerung Wolf Biermanns aus der DDR, fand sich selbst ein Stephan Hermlin zu öffentlichem Protest bereit.

Auch Heinrich Böll sah sich allerdings alsbald zu einem Überdenken seines *Zeit*-Aufsatzes genötigt. Nur wenige Tage nach dessen Veröffentlichung meldete sich Hermlin bei ihm. In einem Brief, der auf den 7. März 1962 datiert ist, weist er Böll mit allen Anzeichen einer tiefen Kränkung auf die entscheidende Differenz ihrer Lebensläufe hin: »Man erfährt, daß ich Tweed trage [...], dennoch hätte Ihnen, bei aller bärenhaften Grazie, bei allem deutschen Takt, den Sie entwickeln, angesichts dieses Tweeds, den Sie gewissermaßen als mir nicht zustehend bemerken, einfallen dürfen, daß ich nicht immer Tweed tragen konnte, sondern etwas ganz anderes tragen mußte, jahrelang, als Sie Feldgrau trugen und weil Sie Feldgrau trugen.« (KA 12, 722) Der Hieb sitzt – Böll ist getroffen. Er muss erkennen, dass er einen Fehler gemacht hat: den nämlich, seine Kritik an linientreuen Schriftstellern der DDR zu personalisieren, in diesem Fall in Gestalt eines Autors jüdischer Herkunft, der unter dem Hitler-Regime ins Exil hatte gehen müssen. In einem

178

Antwortbrief an Hermlin vom 15. März 1962 räumt Böll – im Übrigen unbeeindruckt – diesen Fehler umgehend ein: »Tatsächlich werfe ich mir nur eins vor: daß ich Sie und Claudius so erkennbar gelassen habe, Ihnen und ihm einige Merkmale – realistische – gegeben habe, die es jedem hier und jedem drüben, jedem ›Eingeweihten‹ jedenfalls zu leicht machen, sich ›irgendwie‹ zu verlustieren. Das tut mir leid, und ich wäre bereit, es auch öffentlich zuzugeben, wenn nicht gerade durch ein solches Öffentlich-Zugeben Sie und Claudius eben aufs Neue als die ›Jäger‹ deklariert würden.« (KA 12, 723)

Diesem Zugeständnis zum Trotz hält Böll in seiner Antwort am Urteil über die linientreuen DDR-Autoren fest. Nachdrücklich verweist er auf seinen Essay *Zwischen Gefängnis und Museum,* den er bereits im Dezember 1960, also exakt zum Zeitpunkt des Treffens in Ostberlin, in der von ihm mitherausgegebenen Zeitschrift *labyrinth* veröffentlicht hatte. Streng grenzt Böll darin die Literaturen in Ost und West voneinander ab, mit Argumenten, die in den Debatten der folgenden Jahre immer wieder eine entscheidende Rolle spielen sollten. »Nicht nur politisch, auch was Kunst und Literatur betrifft, ist die Spaltung perfekt«, heißt es da: »Kaum zwei Literaturen sind weiter voneinander entfernt als die beiden der zwei Hälften Deutschlands, von denen man in sentimentalen Augenblicken sagen kann, daß sie die gleiche Sprache sprächen. Die Sprache ist geteilt in zwei Hälften, die so wenig miteinander zu tun haben wie die zwei Wirtschafts-systeme.« (KA 12, 133) Und selbst wenn sich Herm-lin zu Recht über die gegen ihn gerichteten Invekti-ven empört haben mochte – in der Sache blieb Böll unbeirrt und unnachsichtig: »Was ich über Privile-gierte und Schmarotzer geschrieben habe, dem habe ich nichts hinzuzufügen: ich halte es für das Verhäng-nisvollste an der DDR, daß die sogenannte Intelligenz diese Privilegien annimmt; es ist eben doch eine Art der Bestechung.« (KA 12, 723)

Es erscheint daher nur konsequent, dass nicht die Personen jener Begegnung in Ostberlin – also die Au-torenkollegen Hermlin und Claudius und deren allzu leicht dechiffrierbaren Camouflage-Gestalten –, wohl aber die äußeren Begleitumstände, atmosphärisch kondensiert und zugleich fantasievoll erweitert, Ein-gang in jenes Werk fanden, an dem Böll zu jener Zeit arbeitete: *Ansichten eines Clowns* (1963). Unüberseh-bar nutzte Böll hier die Erfahrungen, die er seinerzeit in Ostberlin gemacht hatte, als Hintergrund und Kon-text, als »Material« (Böll), um dieses für seinen neuen literarischen Zusammenhang produktiv zu machen. Die Titelfigur des Romans, der Clown Hans Schnier, berichtet anlässlich einer Reise in die DDR über ein Gespräch »mit irgendwelchen Kulturfritzen in Erfurt« (KA 13, 206), das nach zahlreichen satirisch einge-färbten Windungen und Wendungen in ein kommu-nikatives Desaster mit Enttäuschungsbekundungen beider Seiten mündet und mit dem Abbruch des vorgesehenen Auftritts endet. Hierzu trägt nicht zuletzt eine Sottise auf die Staats- und Parteiführung in Gestalt des damaligen Staatsratsvorsitzenden Walter Ulbricht bei, der in Bölls Roman mit der sächselnden Anspielung »Bardeidag« durch den Clown Hans Schnier aufs Korn genommen wird.

Böll machte sich über die Wirkung einer solchen Szene auf die Kulturpolitiker der DDR nicht nur keine Illusionen, sondern er münzte sein Wissen sogar zielsicher in eine negative Publikationsstrategie für den Roman um. In einem Gespräch mit Wolfgang Niedecken wusste er 1985 zu berichten: »Ich habe mal einen Roman [*Ansichten eines Clowns*] geschrieben – vor langer Zeit –, der in den sozialistischen Staaten hätte mißverstanden werden können. Da habe ich dann extra eine Szene eingebaut, um das Erscheinen zu verhindern. Ganz bewußt. Das ist nie in der DDR erschienen. Die tun nur folgendes: Die kürzen nicht, die zensieren nicht, die nehmen ein Buch ganz oder gar nicht. Da sind sie irrsinnig korrekt, sehr deutsch. Aber diese Szene verhinderte das Erscheinen des Buches.« (KA 26, 443) Dieser anekdotisch komprimierte Hinweis bezieht sich auf einen Auftritt des SED-Kulturfunktionärs Alexander Abusch, von 1958 bis 1961 Leiter des Ministeriums für Kultur und von 1961 bis 1971 stellvertretender Vorsitzender des Ministerrats für Kultur und Erziehung. Die mit hintergründigem Humor auf zwei Seiten ausfabulierte Episode in Bölls Roman nahm Abusch am 8. Juni 1963, kurz nach Erscheinen des Werks, zum Anlass, im Rahmen einer programmatischen – und das hieß im Fall Abusch: dogmatischen – Rede auf dem VI. Bundestag des Deutschen Kulturbundes der DDR gegen den berühmten Autor zu Felde zu ziehen. In jenem *Zeit*-Artikel hatte Böll Abusch ausdrücklich als Mitglied eines Zirkels einflussreicher Zensoren erwähnt. Nun, ein gutes Jahr später, folgte die Revanche. Böll habe »neuerdings dem allgemeinen Druck des Antikommunismus in Westdeutschland nachgegeben«. Sein letzter Roman schirme »durch ein Kapitel mit einer ganz schablonenhaften Kritik an den ›Funktionären der Zone‹ seine Gesellschaftskritik sozusagen ab« und mache sie dadurch »für gewisse Kreise in Westdeutschland ›annehmbarer‹«. Der Roman zeige den »geistigen Abstieg des Heinrich Böll, der als humanistischer Schriftsteller einen Ruf« verliere: »Er – und auch andere westdeutsche Schriftsteller, die sich als Antifaschisten und Antimilitaristen fühlen – müssen doch endlich in ihrem ureigensten Interesse die Illusionen eines ›dritten Weges‹ begraben und sich rechtzeitig Rechenschaft ablegen, wie tief sie sich unter ihr eigenes Niveau begeben, wenn sie geistige Konzessionen an die antikommunistischen Hetzer gegen unsere Republik machen.«

Verständlich wird vor diesem Hintergrund, warum Bölls Verhältnis zur DDR stets untrennbar verbunden blieb mit seiner politisch begründeten Kritik an den verhärteten gesellschaftlichen Strukturen und den repressiven Mechanismen der Lenkung und Gängelung von Literatur und Kunst. Diese prägten maßgeblich und über viele Jahre hinweg seine Wahrnehmung der beiden deutschen Staaten und ihrer unterschiedlichen Kulturen. Zwar ist er verschiedentlich, auch mit seiner Familie, zur Leipziger Messe in die DDR gefahren, um Freunde und Bekannte zu treffen. Doch noch 1976, mehr als anderthalb Jahrzehnte nach Erscheinen seines Artikels *Zwischen Gefängnis und Museum*, sagte Böll in einem Interview mit dem französischen Publizisten René Wintzen: »Die DDR ist mir als Staatsgebilde und als Organisation vollkommen fremd. Die spezielle Art der Bürokratie, die es da gibt, erschreckt mich. Ich habe keine persönliche Angst, aber die spürbare, total subordinierte Organisation ist mir fremd. [...] Und weil es ein deutsches Land ist, fremder als ein fremdes Land.« (KA 25, 380)

Zwar war Heinrich Böll der prominenteste westdeutsche Autor in der DDR, auch was Anzahl und Auflagenhöhe der verlegten Werke betrifft. Allein zwischen 1956 und 1986 erschienen hier 21 Bände mit seinen Romanen und Erzählungen, darüber hinaus ausgewählte Teile seines Erzählwerks in Anthologien. Zudem erhielt er Gelegenheit zu Rundfunklesungen, einige seiner Hörspiele wurden gesendet, und es gab eine Vielzahl literaturkritischer und literarhistorischer Auseinandersetzungen mit Person und Werk. Doch diese waren – mit wenigen Ausnahmen, zu denen die Studien des Rostocker Germanisten Hans Joachim Bernhard gehören – Ausdruck einer in der DDR

weitverbreiteten Inhaltsästhetik. Deren karge Maß-
stäbe lauteten im Hinblick auf westdeutsche Literatur
im günstigsten Fall ›bürgerlich‹ oder ›humanistisch‹,
›antifaschistisch‹ oder ›antimilitaristisch‹, meist verbunden mit dem einschränkenden Attribut ›pessi-
mistisch‹, ein Pejorativ mit dem der Abstand zur er-
wünschten Literatur des Sozialistischen Realismus
markiert werden sollte.

Zumal in den Augen der Kulturbürokraten und
der Stasi-Mitarbeiter aber war Böll *persona non grata*.
Im August 1968 hatte er gegen den Überfall der War-
schauer-Pakt-Staaten auf die Tschechoslowakei, gegen
die Niederschlagung des Prager Frühlings und insbesondere gegen die »schändliche Rolle der DDR« bei
diesem Militärschlag protestiert. Seine Interventionen zugunsten der Dissidenten in der Sowjetunion
registrierte man über Jahre hinweg mit wachsendem
Argwohn. Und ebenso verfolgten die Mitarbeiter des
Staatssicherheitsdienstes seine Kontakte zu DDR-Autoren höchst misstrauisch. Seine Büchersendungen an
Freunde und Bekannte wurden zurückgeschickt. Stasi-
Mitarbeiter berichteten, dass Böll seine Kommunika-
tionswege indirekt, zum Teil über Mittelsmänner, zu
organisieren suchte. Umfassende Dossiers über Autor
und Werk wurden angelegt. Selbst seine Kritik an Konservatismus und Klerikalismus im Westen, seine Auseinandersetzung mit Wehrpflicht und Notstandsgesetzgebung, erst recht seine vorbehaltlosen Plädoyers
für die Freiheit der Kunst nahmen die Überwachungs-

organe der DDR in ihren Berichten mit einem missbilligenden Beiklang zur Kenntnis. In besonderer Weise verdächtig war für die Staatswächter in der DDR offensichtlich das unberechenbar Antiautoritäre in Böll.

Sein Eintreten für Wolf Biermann steht hierfür exemplarisch. Schon 1965 hatte sich Böll in einer gemeinsam mit Peter Weiss in der *Zeit* veröffentlichten Stellungnahme für den unbequemen, in der DDR unerwünschten Liedermacher eingesetzt. 1970 verwandte er sich in einem Brief an den DDR-Staatsratsvorsitzenden Walter Ulbricht für den Lyriker Peter Huchel und im selben Zusammenhang abermals für Biermann. Die Hardliner in der DDR verfielen seiner unnachsichtigen Kritik ebenso wie die politische Linke im Westen Deutschlands. In der Zeitschrift *konkret* konnte man 1974 lesen: »Das Schicksal Wolf Biermanns ist bezeichnend: in der DDR verfemt und verpönt, in der Bundesrepublik von der äußersten Linken, wenn überhaupt, nur schamhaft zur Kenntnis genommen. Man ist eben – so oder so – obrigkeitstreu.« (KA 19, 33) Es konnte daher niemanden verwundern, dass sich Böll 1976, nach Biermanns Ausbürgerung aus der DDR, mit dem ganzen Gewicht seiner Persönlichkeit für den Liedermacher einsetzte. Eine Reihe linientreuer Autoren, darunter Hermann Kant und Anna Seghers, hatte sich hinter die Entscheidung der Staats- und Parteiführung gestellt. Dem Dramatiker Peter Hacks jedoch blieb es vorbehalten, in der Zeitschrift *Die Weltbühne* ein Pamphlet gegen Biermann zu veröffentlichen, das sich zugleich gegen Böll richtete: »Er [Biermann] hat die Zustimmung von Heinrich Böll. Böll, man kennt ihn, ist drüben der Herbergsvater für dissidierende Wandergesellen. Biermann hat in seinem Bett übernachtet, und ich hoffe, er hat nicht noch Solschenizyns Läuse darin gefunden.« (KA 19, 533) Seine Antwort auf diese impertinente Schmähung veröffentlichte Böll nicht. Sie fand sich, ein ironischer Ausdruck kopfschüttelnder Verachtung, unter dem Arbeitstitel »Kammerjäger – Replik auf Hacks« in seinem Nachlass (KA 19, 223–225). Selbstverständlich bezog Böll auch auf Pressekonferenzen und in Interviews rasch und unnachsichtig öffentlich Stellung gegen die »Schäbigkeit« dieser »Heimatvertreibung« (KA 25, 71). Böll habe, so Wolf Biermann in seiner Autobiografie *Warte nicht auf bessre Zeiten!* (2016), »schneller als ich« begriffen, was diese Ausbürgerung bedeutete. Er habe »die Realitäten schon in unserer Pressekonferenz 1976 in Köln auf den Punkt gebracht: ›Wolf Biermann ist ab jetzt ein In-die-Heimat-Vertriebener‹«.

Trotz alledem war die DDR für Böll zu keinem Zeitpunkt ein ›erledigtes‹ Thema. Vielmehr gab der zweite deutsche Staat ihm immer wieder Anlass zu öffentlichem Nachdenken und zu praktischer Solidarität mit verfolgten und unterdrückten Kollegen. Diese Tatsache hatte damit zu tun, dass Böll sich nicht allein unter politischen Vorzeichen mit dem Staat DDR auseinandersetzte, sondern sich auch und vor allem als Leser mit

Literatur aus der DDR befasste. In seinen Kritiken – unter anderem zu Werken von Anna Seghers und Stefan Heym, Reiner Kunze, Erik Neutsch und Christa Wolf – ging Böll immer auch der Frage nach, ob die Literatur ›von jenseits der Grenze‹ aus einem ›fremden‹ Land stamme oder aus einem ›sehr deutschen Land‹ mit einer spezifischen Prägung. Dem Rezensenten Böll geht es dabei um Sprache als gesellschaftliche Praxis, als Öffentlichkeitsmedium ebenso wie als künstlerische Ausdrucksform. Böll verbindet in seinen Rezensionen zur DDR-Literatur die analytische und urteilende Abwägung und Wertung literarischer Ausdrucksformen mit dem kritischen Blick auf die geschichtliche, politische und gesellschaftliche Substanz eines Werks. Seine Urteile finden ihren Grund in der Überzeugung, »daß Literatur und Kunst eines Landes immer noch die beste Auskunft über ein Land geben« (KA 19, 322). Seine Rezensionen zeigen ihn als einen Leser, der für ›Auskünfte‹ solcher Art stets empfänglich blieb.

Er war bereit, sich belehren zu lassen, auch über die Verhältnisse in der DDR und insbesondere über die im Lauf der Jahrzehnte sich abzeichnenden Veränderungen. Aber er blieb unnachsichtig, wo es um die Verteidigung der Menschen- und der Freiheitsrechte, um die Entwicklung der Kunst und der Literatur ging. Sein Verhältnis zur DDR ist weder antikommunistisch noch prosozialistisch gewesen, weder voreingenommen noch dogmatisch. Was ihn irritierte, war die Bürokratie, was ihn verstörte die erzwungene Unterwürfigkeit. Was ihn aber empörte, war das offenkundige Unrecht, das den Menschen wie dem Denken und der Kunst widerfuhr. Einzig in der Widerständigkeit der Dichtung vermochte Böll Hoffnungszeichen des Wandels zu erkennen.

Deshalb verwundert es nicht, dass die Literatur der DDR ihn nicht nur zu einer schrittweisen Revision seiner Wahrnehmungen einer ›Fremdheit‹ im eigenen Land veranlasste, sondern ihm sogar eine visionäre Vorwegnahme der Wiedervereinigung ermöglichte. »Zählt man nur ein paar Namen auf«, so konnte man bereits 1972 in einer Rezension zu Stefan Heyms Roman *Der König David Bericht* lesen, »Biermann, Fühmann, Kunze, Wolf, Schneider, Kunert, Heym, Hermlin – so hat die literarische Wiedervereinigung längst stattgefunden« (KA 18, 132). 1985, vier Monate vor seinem Tod und vier Jahre vor dem Fall der Mauer in Berlin, gab Böll anlässlich einer Umfrage über das Deutschlandbild im Ausland eine Antwort von geradezu prognostischer Qualität. Sie wurde seinerzeit kaum beachtet – und ist bis heute nicht recht wahrgenommen worden: »Die DDR öffnet ihre Grenzen nur gelegentlich, und da Literatur nicht unter und zwischen Autoren stattfindet, sondern vor allem im Leser, ist das *Sprach-ich* immer noch getrennt. Wenigstens auf dieser Ebene sollte Vereinigung möglich gemacht werden. Von der Wiedervereinigung darf man träumen, sogar an sie glauben, auf sie hoffen [...].« (KA 23, 485)

183

12 *Die Sprache als Hort der Freiheit*
Literatur und Literaturkritik

Der beste Kenner seines Werks war zugleich sein schärfster Kritiker: Marcel Reich-Ranicki. Der Wegbereiter und Wegbegleiter zahlreicher Autoren, Mitglied der Gruppe 47, Literaturkritiker der *Zeit* und Literaturredakteur der *FAZ*, Initiator und Autor von Rundfunk- und Fernsehsendungen, dominierende Figur des Literarischen Quartetts im *Zweiten Deutschen Fernsehen (ZDF)*, Verfasser und Herausgeber ungezählter Kritiken und Rezensionen, Publikationen und Editionen, Anthologien und Literaturkanons, Träger unterschiedlichster Preise, Auszeichnungen und Ehrendoktorwürden, zweifellos der wirkmächtigste und ausstrahlungsreichste Promoter der deutschsprachigen Literatur nach 1945, mit einem kaum zu überschätzenden Einfluss auf Bestsellerlisten und Verkaufszahlen – er stand zu Heinrich Böll über drei Jahrzehnte hinweg in einem spannungsreichen, höchst ambivalenten Verhältnis. Bereits 1956 hatte Böll den seinerzeit noch kaum bekannten polnischen Journalisten kennengelernt, anlässlich einer Reise, die ihn auf Einladung des polnischen Schriftstellerverbandes nach Warschau führte.

Er war ihm – was Reich-Ranicki später dankbar ver-
merkt hat – in den folgenden Jahren verschiedentlich
behilflich, nicht zuletzt im Hinblick auf bürokratische
Schwierigkeiten bei der Einreise in die Bundesrepublik. Seither, seit 1958 verfolgte der nunmehr im Westen Deutschlands lebende Kritiker die Entwicklung
des Autors Böll mit besonderer Aufmerksamkeit und
großem Respekt, ja: Zuneigung zur Person und ebenso
großer, bisweilen höchst kritischer Distanz zum literarischen Werk.

Als Entdecker und Förderer Bölls hatte sich zuvor bereits ein anderer Mann des Feuilletons erwiesen: Karl
Korn, Mitbegründer und -herausgeber der *FAZ*, Leiter
ihres Kulturteils und einer der führenden Literaturkritiker der jungen Bundesrepublik Deutschland. Schon
1951 war in der *FAZ* der Roman *Wo warst du, Adam*
(1951) besprochen worden. Frühzeitig hatte die Zeitung auch Erzählungen Bölls gedruckt, darunter *Mein
Onkel Fred* (1952) und *Das Abenteuer* (1952, unter dem
Titel »Die Beichte«). Zu einer wahren Eloge auf den
Autor geriet Korn dann die Besprechung des Romans
Und sagte kein einziges Wort (1953), deren Substanz
er in der Quintessenz zusammenfasste: »Wenn mich
künftig einer fragt, was denn die Deutschen heute an
Büchern von wirklicher Kraft und Wahrhaftigkeit vor-
zuweisen hätten, werde ich den Böll nennen.« (KA 6,
817) Darüber hinaus gelang es dem Feuilletonchef der
FAZ, Böll als Rezensenten und Essayisten, als Berichterstatter und Kommentator zu gewinnen und auch

die Rechte für den Vorabdruck seiner Romane zu erwerben, darunter *Das Brot der frühen Jahre* (1955) und *Billard um halb zehn* (1959). Korns literaturkritische Wahrnehmung Bölls und seine nachdrückliche Förderung des Autors hielten sich auch in den folgenden Jahren auf der Höhe dieser enthusiastischen Wertschätzung, und er stand mit seinem Urteil durchaus nicht allein. Namhafte, sehr unterschiedlich profilierte Kritiker wie Friedrich Sieburg und Hans Schwab-Felisch, Walter Jens und Rudolf Krämer-Badoni waren sich in ihren Lobreden einig. »Nach diesem Buch«, so fasste etwa der Rezensent Roland H. Wiegenstein anlässlich des Romans *Haus ohne Hüter* (1954) den Urteilstenor dieser Jahre zusammen, »sind wir sicher, daß Böll den epischen Atem hat, um auch einmal die Gesamtheit der Epoche gültig zu formen. Und wir wissen unter den jüngeren Schriftstellern sonst kaum jemand, von dem das behauptet werden könnte«. (KA 8, 405)

Marcel Reich-Ranicki musste Heinrich Böll also nicht entdecken, als er in die Bundesrepublik Deutschland übersiedelte, und er brauchte ihm auch nicht den Weg zu bereiten, als er 1963 seinen Essayband *Deutsche Literatur in Ost und West* vorlegte. Das darin enthaltene Porträt »Der Poet der unbewältigten Gegenwart« durfte vielmehr eine breite öffentliche Wahrnehmung dieses Autors voraussetzen und konnte sich ausdrücklich auf die zeitgenössischen Kritiker und die bereits zahlreich vorliegenden Kritiken beziehen. Was Reich-Ranickis Essay auszeichnet, was ihn über den Diskus-

191

sicnsstand Anfang der 1960er-Jahre deutlich heraus- hebt, das ist der Blick aufs Gesamtwerk dieses Autors: die differenzierte Wahrnehmung seiner Stärken und Schwächen, die präzise Benennung seiner Schreibimpulse und Motivationen und nicht zuletzt eine kluge Auseinandersetzung mit der Frage nach der Substanz »engagierter Literatur«. All dies wird argumentativ überzeugend begründet und textnah belegt, pointiert durch jene These, die bereits der Titel des Aufsatzes benennt: dass Heinrich Böll der Autor einer »unbewältigten Gegenwart« sei.

Als Essayist verfügte Marcel Reich-Ranicki über den langen Atem einer gedankenreichen Diskursivität, die ihn zu ausgewogenen und haltbaren Urteilen führte – vom Literaturkritiker MR-R lässt sich dies nicht in gleicher Weise behaupten, zumal nicht von denjenigen seiner Verdikte, die Heinrich Böll betrafen. Deren wichtigste, eine Auswahl aus nahezu drei Jahrzehnten, sind ein Jahr nach Bölls Tod unter dem Titel *Mehr als ein Dichter* (1986) erschienen, darunter – eingeleitet durch den eben zitierten Essay – jene zu *Ansichten eines Clowns* (1963), *Entfernung von der Truppe* (1964), *Gruppenbild mit Dame* (1971), *Die verlorene Ehre der Katharina Blum* (1974) und *Frauen vor Flußlandschaft* (1985). Eine Auswahl von Kritiken, die in wünschenswertester Deutlichkeit die Wertungskriterien dieses Strategen im bundesrepublikanischen Literaturkampf veranschaulichen und damit die Prinzipien seiner Urteilsfindung, die ihm im Streit über literarische Neuerscheinungen über Jahrzehnte hinweg eine einzigartige Resonanz gesichert haben: »Kritiker schreiben stets für ihre Zeitgenossen, ihre Arbeiten sind, zumal wenn sie Äußerungen über die jeweils neueste Literatur enthalten, in hohem Maße zeitgebunden und zeitbedingt. Und wer diesen Beruf ausübt, der darf weder Vereinfachungen fürchten noch Übertreibungen oder Überspitzungen: Sie gehören seit eh und je zu den empfehlenswerten, den erforderlichen Ausdrucksmitteln unserer Zunft.« Über solche Maximen ließ sich schon immer trefflich streiten, und für Aufsehen, bei Lesern wie bei Schriftstellern, sorgten sie allemal.

Auch Heinrich Böll hat Gründe gehabt, sein Werk nicht allein unangemessen, sondern ungerecht beurteilt, das heißt: verurteilt und verrissen zu sehen. Exemplarisch hierfür kann der Umgang mit seinem Roman *Fürsorgliche Belagerung* (1979) stehen. Wirft man aus einem Abstand von mehr als 30 Jahren einen Blick zurück auf dieses Buch, so lassen sich dessen spezifische Qualitäten unschwer erkennen. Hier wird ein Phänomen der bundesdeutschen Gesellschaft in den 1970er-Jahren beschrieben, das sich inzwischen zu einem global wahrnehmbaren sozialen Defekt entwickelt hat, nämlich der Sicherheitswahn und das Sicherungssystem, das die handelnden Personen in Politik und Wirtschaft wie ein dicht verwobenes Netz umgibt, ein Aufsichts- und Beobachtungsraster, das sich in auffälliger Weise auf Unauffälligkeit trimmt, mit tiefgreifenden Wirkungen auf Psyche, personale und familiale Identität, mit einer ebenso rabiaten wie radikalen Bewegungsbeschränkung für die betroffenen Personen. Ein höchst aktuelles Thema, dessen sich die österreichische Schriftstellerin Marlene Streeruwitz in ihrem 2011 erschienenen Roman *Die Schmerzmacherin* aus der Perspektive privater Sicherheitsdienste angenommen hat.

Bölls Roman entwirft bereits 1979, prognostisch und antizipatorisch zugleich, die Schattenseiten einer Existenz im Licht der Öffentlichkeit und an den Schalthebeln der Macht. Im Mittelpunkt steht der erfolgreiche Zeitungsverleger Fritz Tolms, der seiner Prominenz wegen Personenschutz in Anspruch nehmen muss, wie eine Reihe anderer, mit ihm verwandtschaftlich, freundschaftlich oder beruflich verbundener Figuren auch. Der Roman führt diese Problematik, bisweilen satirisch pointiert, an einer Fülle sehr unterschiedlicher Typen durch. Mehr als 120 Personen bewegen sich in einem sozialen Universum der Eitelkeiten und Zwistigkeiten, der Intrigen und Kollisionen, der mentalen wie der materiellen Korruption, in räumlichen Dimensionen und zeitlichen Intervallen, die fremdbestimmt sind. Die Sprache dieser Menschen ist bisweilen formelhaft und von Klischees durchsetzt, durchzogen von Banalitäten, Gemeinplätzen und Lakonismen – Ausdruck eines verdinglichten und gestörten Weltverhältnisses, in dem sich Unsicherheiten und Ängste zur Geltung bringen, Hoffnungen und Illusionen.

194

Was nach der Lektüre dieses Romans als Gesamteindruck bleibt, ist das Porträt einer Gesellschaft, in der sich die Schatten der jüngsten Vergangenheit mit den Bedrohungen der westdeutschen Gegenwart zu einer Atmosphäre der Orientierungslosigkeit verbinden, ein großflächig angelegtes, in den Details sorgsam ausgeführtes Gemälde, das die bundesrepublikanische Realität der 1970er-Jahre in ihrer ganzen Verletzlichkeit zeigt. Man kann dieses epische Werk eine präzise gesellschaftliche Momentaufnahme nennen – doch für eine solche Wahrnehmung blieb in den harschen zeitgenössischen Urteilen kein Raum. Der Roman passte nicht in die Wertungsraster der dominanten, an realistischen Schreibmustern orientierten Literaturkritik.

Zu den prominentesten Gegnern zählten Rudolf Augstein, Marcel Reich-Ranicki und Wolfram Schütte. Der Herausgeber des *Spiegel* pointierte seinen Verriss unter dem Titel »Gepolter im Beichtstuhl« (*Der Spiegel* 31/1979) mit der Bemerkung: »Böll erzählt nicht mehr, er behilft sich mit Stereotyp-Kennzeichnungen wie ›zynisch‹, ›nett‹, ›frivol‹, ›ernst‹, ›süß‹. [...] Da helfen, wie die verzweifelte Polizistenfrau Helga erkennt« – und nun folgt ein Zitat aus dem Roman – »›weder Mutter Gottes noch Porno-Welle, nicht Sex-Befreiung, Staat oder Kirche‹. Vielleicht« – wieder Originalton Augstein – »hilft da nur noch die Braunkohle.« (KA 21, 533) Ein Hinweis, der, ein Motiv des Romans aufgreifend, ebenso diskret wie infam nichts weniger als die Verbrennung dieses Buches nahelegt.

Und infam, wenngleich nicht diskret wird man auch den Verriss Reich-Ranickis in der *FAZ* vom 4. August 1979 nennen müssen: »Nein, nichts kann meine Verehrung für Heinrich Böll erschüttern. Nicht einmal dieser Roman. Er ist, um es gleich zu sagen, ein schwaches und fragwürdiges, streckenweise ein geradezu fatales Buch. Mein Gott, was habe ich gelitten!« Diese Tonlage zieht sich – von wenigen Nuancen abgesehen – durch die gesamte Rezension hindurch, gipfelnd in der Formulierung: »Ich gebe zu: Diese Sprache verschlägt mir die meine. Und ich frage mich: Wer außer Böll könnte es sich hierzulande leisten, so schlecht zu schreiben?« (KA 21, 541 f.) Ähnlich heißt es in Wolfram Schüttes vernichtender Literaturkritik mit dem Titel »Lauter nette Leute«, die am 4. August 1979 in der *Frankfurter Rundschau* erschien: »Man muß sich schon mit dem befremdlichen Gedanken vertraut machen, daß diese fade, ausgelaugte, konturlose Sprache [...] die des Autors ist.« (KA 21, 547)

Eben dies aber ist die Frage, zu deren Beantwortung frühere Überlegungen des gebeutelten Autors seinen Kritikern Aufschlussreiches hätten vermitteln können. Bereits anderthalb Jahrzehnte vor Erscheinen des Romans *Fürsorgliche Belagerung* hatte Böll sein literarisches Credo, das zugleich ein gesellschaftskritisches war, in wünschenswertester Deutlichkeit öffentlich gemacht. »Was politisch oder sozialkritisch an der zeitgenössischen Literatur sein mag«, heißt es 1964 in seinen *Frankfurter Vorlesungen*, »ergibt sich aus dem jeweils vorkommenden Material. Ein Autor sucht Ausdruck, er sucht Stil, und da er mit dem schwierigen Geschäft zu tun hat, die Moral des Ausdrucks, des Stils, der Form mit der Moral des Mitgeteilten übereinzubringen, werden Politik und Gesellschaft, ihr Wortschatz, ihre Riten, Mythen, Gebräuche zum vorkommenden, vorhandenen Material.« (KA 14, 160 f.)

Hinter diesen unprätentiösen Formulierungen verbirgt sich ein reflektiertes Schreibprogramm, verbunden mit einer anspruchsvollen Ästhetik. Dem Begriff des ›Materials‹ kommt im Zusammenhang von Theorien künstlerischer Produktivität eine herausragende Bedeutung zu. Beispielhaft hierfür kann die *Ästhetische Theorie* (1970) Theodor W. Adornos stehen. »Material« – so Adorno – ist jenes Element des künstlerischen Produktionsprozesses, »womit die Künstler schalten: was an Worten, Farben, Klängen bis hinauf zu Verbindungen jeglicher Art bis zu je entwickelten Verfahrungsweisen fürs Ganze ihnen sich darbietet«. Adorno bezieht sich in erster Linie auf Musik. Doch die durch ihn selbst nahegelegte Verallgemeinerung seiner Beobachtungen für den künstlerischen Produktionsprozess insgesamt erlaubt deren Übertragung auch auf die Literatur: »Auswahl des Materials, Verwendung und Beschränkung in seiner Anwendung, ist ein wesentliches Moment der Produktion.« Wenn Böll von der »Moral des Ausdrucks, des Stils, der Form« spricht, deutet er auf den gesellschaftlichen und historischen Gehalt jeder künstlerischen Formensprache. Die gewählte Form ist den Kunstwerken ebenso wenig etwas Äußerliches – also etwas nur ›Formales‹ oder gar ›Formalistisches‹ – wie das Material, das in sie Eingang findet. In den Worten Adornos: »Material ist auch dann kein Naturmaterial, wenn es den Künstlern als solches sich präsentiert, sondern geschichtlich durch und durch.«

In diesem Sinn ist auch die gesellschaftliche Sprache der westdeutschen 1970er-Jahre zum Material des Romanautors Heinrich Böll geworden. 1978, nur ein Jahr vor Erscheinen des Romans *Fürsorgliche Belagerung,* hatte Böll festgestellt, »daß jeder Schriftsteller, ganz gleich, ob er Franzose, Russe oder Schwede ist, durch die Beschäftigung mit der Sprache auf Probleme, Konflikte, Entwicklungen stößt. Der Einstieg ist gar nicht immer das sogenannte Engagement, sondern die Sprache, und mit der Sprache wird das Material Staat, Gesellschaft geprüft« (KA 25, 295). 1979 sagte er in einem Gespräch mit Werner Koch, ohne ausdrücklich auf Adorno zu rekurrieren und doch nahezu im Gleichklang mit diesem: »[S]o wie ein Maler Farben braucht und ein Musiker Töne … im allerweitesten Sinne – braucht ein Schriftsteller natürlich Material« (KA 25, 603). Bölls ›Material‹ bilden nicht allein die Sprach- und Splitterwirklichkeiten eines Alltags, den die Menschen seiner Umgebung so gut kennen wie er selbst, sondern ebenso mythische Erzählelemente und utopische Aspekte. Das literarische Verfahren der Umschmelzung solcher entzifferbarer Zeichen und Details der urbanen und sozialen, der historischen und übergeschichtlichen Realität in die Eigenwirklichkeit des großen epischen Entwurfs hat Böll immer wieder durchgespielt – *Fürsorgliche Belagerung* bietet hierfür das exemplarische, weil am dichtesten gewobene Text-Universum.

Was aber heißt es dann, wenn dieser Autor in seinem Roman allein 107-mal das Nomen »Angst« verwendet und fast ebenso häufig (nämlich 104-mal) das Epitheton »nett« – Wortverwendungshäufungen, die seine Kritiker ihm nahezu unisono zum Vorwurf gemacht haben? Es ist bekanntlich nicht der Autor eines Werks – es sind die Figuren, die darin sprechen. Und selbst wenn sie vergleichsweise uniform miteinander kommunizieren, sagt diese Disposition noch nichts über das literarische Vermögen des Verfassers, alles aber über die gesellschaftliche Situation, in der sich seine Personnage bewegt. Solche Stilmerkmale müssen mithin als das ernst genommen werden, was sie sind: das Ergebnis einer bewussten »Auswahl des Materials« und der reflektierten »Verwendung und Beschränkung in seiner Anwendung« (Adorno).

Dies ist ein Schreibprinzip, das sich am Leitfaden einer realismus*kritischen* Maxime orientiert. Sie bewegt sich im Gravitationsfeld der ästhetischen Moderne, die sie zugleich wesentlich geprägt hat. Ihre Voraussetzung, in einem produktionsästhetischen Verständnis, ist Distanz. Erst diese stets aufs Neue zu gewinnende Distanz erlaubt es auch dem Erzähler Böll, den urbanen und gesellschaftlichen Erfahrungsraum als Objekt seines Erzählens zu verstehen. Ihr entspringt seine literarische Energie. Nur durch Distanz, ja: Kälte lässt sich das vorgefundene Material in literarische Produktivität verwandeln. »Eine Kälte«, so Böll, »die mich manchmal sogar erschreckt, empfinde ich diesen Gegenständen, diesem Material gegenüber, das ich dann wieder, wenn es kalt genug geworden ist, möglicherweise verarbeite.« (KA 25, 605) So gesehen, produktionsästhetisch also, stellt sich die Wortverwendungshäufung in *Fürsorgliche Belagerung* als die Anwendung eines Stilprinzips dar, durch welches ein gesellschaftlich hervorgebrachtes Sprachmaterial konsequent verarbeitet wird. Oder um mit Böll zu sprechen: »Was wirklich ist, bestimmt der Autor, der Maler, der Bildhauer, der Tänzer, der da *seine* Wirklichkeit schafft.« (KA 20, 100)

»Das Motiv für Realismus«, so kann man anlässlich von Bölls Roman *Fürsorgliche Belagerung* mit Alexander Kluge sagen, »ist nie die Bestätigung der Wirklichkeit, sondern Protest.« Kluge argumentiert hier im Zusammenhang filmischer Arbeiten, insbesondere seines Films *Gelegenheitsarbeit einer Sklavin* (1973). Doch man könnte vor dem Hintergrund seiner Überlegungen »zur realistischen Methode« (Untertitel) auch eine Theorie des literarischen Realismus entwerfen. »Die schärfste Ideologie« sei es, so Kluge, »daß die Realität sich auf ihren realistischen Charakter beruft«. Eine These, die im Grunde nur ein anderer Ausdruck ist für Bölls Wort von der »Sprache als Hort der Freiheit« (KA 10, 536). Dies ist der Titel einer Rede anlässlich der Entgegennahme des Eduard von der Heydt-Kulturpreises der Stadt Wuppertal am 24. Januar 1959, in der sich Böll ausdrücklich als Repräsentant einer »Institution« verstanden wissen wollte: »der des freien Schriftstellers, der nur in einer freien Gesellschaft möglich ist, die, sich des Wortes bedienend, ihr ihren Reichtum und ihre Armut zeigt« (KA 10, 541). Der Roman *Fürsorgliche Belagerung* lässt sich als Einlösung dieses Postulats lesen. Sein freier Sprach-Umgang mit den vorgefundenen Materialien und deren formästhetische Verarbeitung zielt nicht auf die Reproduktion gesellschaftlicher Wirklichkeit, sondern setzt auf die Möglichkeit poetischer Wahrheit.

Dem Briefwechsel Heinrich Bölls mit Lew Kopelew (2011) lässt sich entnehmen, wie sehr die vernichtenden Kritiken den Autor getroffen haben. Zwar waren die Reaktionen auf Bölls Roman nicht durchweg negativ. In Literaturkritiken von Fritz J. Raddatz über Hans Maier bis zu Jürgen Fuchs und Erich Fried finden sich durchaus abwägende Wertungen und offene Urteilskriterien. Böll hatte allerdings schon im Juli/ August 1979, während einer Reise in die Sowjetunion, vermutet, dass es zu ablehnenden Kritiken kommen könnte. Die Realität übertraf seine Ahnungen jedoch bei Weitem: »totale, zum Teil gemeine Verrisse (vor allem durch unseren alten gemeinsamen Freund R[eich]-R[anicki])«, schreibt er am 3. September 1979 an Kopelew: »Dabei hat dieses Schwein bis zum letzten Moment um den Vorabdruck dieses miserablen Romans in der FAZ gekämpft und wutschäumend zur Kenntnis nehmen müssen, daß der ›Stern‹ den Vorabdruck bekommt, und er hat, wie ich später erfuhr, am Vorabend des Abdrucks der Kritik bei meinem Verlag in Köln angerufen und ausgerichtet, dieser Verriß sei sein ›Beitrag zum Jubiläum unserer mehr als zwanzigjährigen Freundschaft‹.« Womit Böll nicht gerechnet hatte und wohl auch nicht rechnen konnte, das war die Häme, mit der ihn die professionelle Kritik attackierte. »Über Augstein mag ich kaum ein Wort verlieren«, heißt es weiter: »Dieser schleimig-snobistische Wischi-Waschi-Ton ist nicht der Rede wert […].« Die Wucht, die Vehemenz, die Verachtung, die diesem Roman bei seinem Erscheinen entgegenschlug, ließ sich aus Bölls Sicht mit Qualitätserwägungen allein nicht erklären, sondern stand für ihn in einem engen Zusammenhang mit seinen umstrittenen Äußerungen zu den Ereignissen im »Deutschen Herbst« des Jahres 1977 und den Aktivitäten der »Roten Armee Fraktion« (RAF): »[I]ch wittere eine Tendenzwende zum offen Inhumanen, möglicherweise bin ich der richtige Adressat.«

Es mag Böll entlastet haben, dass sein Briefpartner und Freund Lew Kopelew den Roman sehr viel besser zu beurteilen verstand als die professionellen Kritiker in Deutschland. Möglicherweise verdankte sich die analytische Scharfsicht der Wahrnehmungen und

Wertungen des russischen Germanisten gerade der räumlichen und politischen Distanz zu den Vorgängen der Jahre 1976/77 in Deutschland. Deshalb vermochte Kopelew seinerzeit ein alle Systemgrenzen überschreitendes Maß an Verallgemeinerbarkeit der von Böll geschilderten Vorgänge zu registrieren. In einem Brief an Böll vom 6. August 1979 heißt es: »Die Widersprüche zwischen Generationen, Geschlechtern, Weltanschauungen usw., an denen diese deutschen Männer und Frauen leiden, ihre Ängste und Vorurteile, ihre Verbundenheit mit ihrer Vergangenheit und Gegenwart und ihr Auflehnen, Freiheitsstreben und ›Verhaftetsein‹ – das alles ist aktuell auch für uns, die in einer scheinbar so gänzlich anderen Welt leben, da sind keine zeitlich bedingten politischen bzw. sozialen Probleme, sondern existenzielle Probleme für alle Zeiten, die aber ungezwungen, natürlich in einer spannenden und überzeugend wahren (so künstlerisch wie historisch, psychologisch, soziologisch usw. überzeugenden) Fabel verdichtet sind.« In Kopelews Augen ist Bölls Roman überzeugend, weil »die Gestaltung all der handelnden, der denkenden, zweifelnden und leidenden Personen, die da so zahlreich sind, absolut menschlich ist, das heißt frei von jeglicher Parteilichkeit, Voreingenommenheit, sozial oder konfessionell bedingten Subjektivität«. Zieht man von dieser Äußerung das von Kopelew selbst eingestandene Maß an subjektiver Nähe zum Autor ab, dann bleibt ein in Kürze und Pointierung beeindruckend souveränes

Urteil, das die Kriterien der renommierten Literaturkritik in Deutschland mehr als fragwürdig erscheinen lässt.

Nun ist die Tatsache, dass Autoren und Kritiker, die Verfasser von Belletristik und deren kritische Beobachter, in einem Spannungsverhältnis zueinander stehen, eine Binsenweisheit. Schon Goethe hat dieser Spannung mit einer berühmt-berüchtigten Pointierung Ausdruck gegeben, die sich im *Wandsbecker Bothen* vom 9. März 1774 findet: »Schlagt ihn tot, den Hund! Es ist ein Rezensent.« Fast zwei Jahrhunderte umfasst jene Ahnengalerie, die Hans Mayer 1967 in einer Anthologie mit dem passenden Titel *Große deutsche Verrisse* zusammengestellt hat. Es sind ihrerseits durchweg vernichtende Kritiken, die jedoch allesamt aus der Feder bedeutender Schriftsteller stammen. Unter ihnen finden sich Friedrich Schiller und Friedrich Schlegel, Heinrich Heine und Ludwig Börne, Gottfried Keller und Theodor Fontane. Ihre Kritiken gelten nicht minder bedeutenden Dichtern ihrer Zeit, darunter E.T.A. Hoffmann, Adalbert Stifter und Gustav Freytag. Dass in allen diesen Fällen die Kritiker ebenso Autoren sind wie die von ihnen Kritisierten, macht, neben dem bisweilen glänzenden Stil, den eigentlichen Reiz dieser Verrisse aus. Sie bieten immer zugleich Plädoyers in eigener Sache, das heißt: Antworten auf die Frage, warum, wozu und wie zu schreiben sei.

Damit ist aber auch der Unterschied zur professionellen Literaturkritik unserer Tage benannt. Marcel

Reich-Ranicki hat deren Profil wiederholt charakterisiert, so im *Literarischen Quartett* vom 15. Dezember 1994 mit der Formel: »Der Kritiker ist kein Richter, er ist der Staatsanwalt oder der Verteidiger«, und dieser Bestimmung die selbstbewusste Behauptung an die Seite gestellt: »Jede Kritik, die es verdient, eine Kritik genannt zu werden, ist auch eine Polemik.« Dass ein solches Selbstbewusstsein mit Professionalität, damit aber auch mit Markt und Macht, mit Einflussnahme und Hegemoniestreben, mit terminologischer Dominanz und der Besetzung literaturstrategisch relevanten Terrains zu tun hat, liegt auf der Hand und war auch Böll, wenngleich schmerzhaft, bewusst. Negative Urteile zählten für ihn zu den »Notwendigkeiten des Berufs«: »Wer publiziert, muß damit rechnen, daß man über ihn herfällt: positiv und negativ. Das ist ein demokratischer Vorgang, so bitter es sein mag.« (KA 24, 288) Es überrascht dann auch nicht, dass Marcel Reich-Ranicki anlässlich von Bölls letztem Roman, *Frauen vor Flußlandschaft* (1985), sein Urteil, ausdrücklich an seine frühere Kritik anknüpfend, abermals in aller Schärfe pointierte: »Es ist kein Geheimnis, daß Bölls schriftstellerische Kraft in den letzten Jahren stark nachgelassen hat. Der Roman *Fürsorgliche Belagerung*, 1979 erschienen, machte dies auf geradezu schmerzhafte Weise deutlich. Nach den Gründen braucht man nicht lange zu forschen: Seine Gesundheit war zerrüttet. Zwar hörte er nicht auf zu arbeiten, aber er konnte sich nur noch kleinere Aufgaben zumuten. Dem ersten größeren Vorhaben seit 1979, eben den *Frauen vor Flußlandschaft*, war er offensichtlich nicht mehr gewachsen [...]« (KA 23, 746).

Man wird einräumen: Solche »Gründe« sind in der Tat alles andere als ideale Voraussetzungen für eine gelingende literarische Produktivität. Umso erstaunlicher, ja man muss sagen: umso bewundernswerter ist – und deshalb greift die Kritik an den vermeintlichen Schwächen dieses Spätwerks, wo sie sich auf Krankheit und Altersmüdigkeit des Autors beruft, zu kurz – die Präzision, die Schärfe, die Unnachsichtigkeit dieses letzten literarischen Blicks Heinrich Bölls auf die alte Bundesrepublik Deutschland. Auch hier kann die gewonnene zeitliche Ferne helfen, das Urteil zu korrigieren. Schon der Titel *Frauen vor Flußlandschaft* schafft – hierin ähnlich dem Roman *Gruppenbild mit Dame* – eine Art Verfremdungseffekt, indem er auf Darstellungsformen der bildenden Kunst verweist. Zudem trägt Bölls Werk die ungewöhnliche Genrebezeichnung »Roman in Dialogen und Selbstgesprächen«, und nicht weniger ungewöhnlich ist die Folge einleitender, auftaktartiger Zitate und Anmerkungen, allen voran das Gedicht »Wanderers Gemütsruhe« aus Goethes Gedichtsammlung *West-östlicher Divan*. Die ästhetische Funktion der Introduktionsreihe aus Titel, Untertitel, Zitat, Motto und Vorbemerkung besteht darin, Distanz zu schaffen – Distanz zum Leser und damit zugleich Distanz des Lesers zum Werk, zum Geschehen, zu den Figuren und zu den Ansichten, die sie äußern. Von einer Distanz schaffenden Absicht zeugen auch die nachfolgenden Kapitel, zwölf an der Zahl, entsprechend den »Büchern« in der Gedichtsammlung Goethes. Es handelt sich um Gespräche, die stets am selben Ort stattfinden, der Rheinlandschaft zwischen Bonn und Bad Godesberg, und jeweils durch knappe Hinweise auf die nähere Gesprächsumgebung (Terrassen, Wohnungen, die Rheinpromenade) eingeleitet werden.

In den Gesprächen, den eigentlichen Trägern der Handlung, wird die »*innere* Beschaffenheit der auftretenden Personen, ihre Gedanken, Lebensläufe, Aktionen« (KA 23, 299) vorgestellt. Die Figuren sprechen – nicht etwa ein fiktiver Erzähler, der nach Art des realistischen Romans auktorial oder subkutan das Geschehen lenkt –, Figuren, die in ihren unterschiedlichen, bisweilen kontroversen Dialogen und Selbstgesprächen zwischen Selbstmitleid und Hass schwanken, Ironie und Larmoyanz zum Ausdruck bringen, Hoffnungsreste artikulieren oder im Suizid enden. Bölls Figuren sind Stützen, bisweilen auch Gegengewichte zur etablierten bundesrepublikanischen Gesellschaft: Politiker, Bankiers und Geschäftsleute mit einer traditionsreichen Bindung an die römisch-katholische Kirche, in der Wolle gefärbte Sozialisten und subversive Artisten, melancholische Frauen, die ihre Männer verachten, und intelligente Vertreterinnen einer modernen, selbstbewussten Weiblichkeit mit Sinn für Realitäten. Was diese Figuren miteinander verbindet, ist

nicht der Plot einer Handlung, sondern ihr gemein-
samer Fluchtpunkt: ein abgründiger, teils verzweif-
lungsvoll, teils sarkastisch sich äußernder Gesell-
schaftsüberdruss, dessen Wurzeln zurückreichen bis
ins Dritte Reich und in die Frühzeit der Ära Adenauer.
Böll bringt hier einen literarischen Perspektivismus
zur Geltung, der aus den unterschiedlichen Blickwin-
keln verschiedener Figuren ein Gesellschaftspano-
rama der Desillusionierung entstehen lässt.

Es ist in der Tat ein ungewöhnlicher Roman. In ihm
treten die Monologe und Dialoge und gelegentlich,
wie in den letzten Kapiteln, auch das Gespräch mehrerer Personen an die Stelle der epischen Schilderung
von Handlung und Konflikt, Figurenzeichnung und
psychologischer Motivation. Was immer geschieht –
wenig genug –, was immer die Figuren denken und
wie sie zueinander stehen, woher sie kommen und
worauf sie zielen, ihre charakterlichen Vorzüge und
ihre Defizite, kurz: ihr gesamtes Persönlichkeitspro-
fil unterliegt nicht den Deutungen und Wertungen einer über sie verfügenden Erzähl-Instanz, sondern ist,
erzählstrukturell radikal und erzähltechnisch konsequent, in ihre Wahrnehmungsformen und Sprech-
weisen eingearbeitet. Man erkennt – mit wachsender
Distanz umso klarer und schärfer –: Heinrich Böll ist
auch als Schriftsteller der Gesellschaftskritiker geblieben, der er als Intellektueller immer schon war, wenngleich mit eigenwilligen, eben genuin erzählerischen
Mitteln. Mit Heinrich Vormweg kann man sagen, dass

Frauen vor Flußlandschaft »mit Realismus nicht das Geringste mehr zu tun [hat], wenn auch immer noch viel mit Realität«. Dass dabei die kritische Wahrnehmung das Hoffnungsmoment und auch den Humor früherer Werke überlagert, wo nicht verdrängt hat, sagt über den Zustand der bundesrepublikanischen Gesellschaft wie über ihren Kritiker gleich viel.

Nachgereicht sei zu guter Letzt eine Pointe, die das eigenwillige Verhältnis zwischen Autor und Kritiker auf eine humorvoll-versöhnliche Weise pointiert. Marcel Reich-Ranicki hat sie in die Gestalt einer Anekdote gefasst, die Auskunft über die erste Wiederbegegnung gibt, vier Jahre nach jenem Verriss vom August 1979. In seiner Autobiografie *Mein Leben* (1999) heißt es: »Als er [Böll] mich sah, ging er gleich auf mich zu und fragte halb drohend und halb treuherzig: ›Geben wir uns noch die Hand?‹ Ich antwortete: ›Aber ja, natürlich.‹ Doch gab er mir die Hand nicht, noch nicht. Vielmehr kam er näher, ich wußte nicht, was er wollte. Ich wartete, wohl ziemlich unsicher, was nun passieren werde. Einen Skandal wollte ich unbedingt vermeiden. Aber nein, Böll tat mir nichts an. Nur flüsterte er mir etwas ins Ohr, ein einziges, beim deutschen Volk seit eh und je besonders beliebtes Wort: ›Arschloch!‹ Dann sagte er laut und lachend: ›Jetzt ist alles wieder gut.‹ Und er umarmte mich.« Mit Heinrich Heine möchte man sagen: Sollte sie auch unwahr sein, diese Anekdote, so bleibt sie doch gut erfunden.

13 Ich lebe in dieser Zeit und schreibe für diese Zeit
Ruhm und Nachruhm

Am 6. Dezember 1961 widmete *Der Spiegel* (Nr. 50/1961) Heinrich Böll eine mehrseitige, ausführliche Story, die, *Spiegel*-typisch, von Details der präferierten Automarke und des Kfz-Kennzeichens über eine Tour d'Horizon durchs Gesamtwerk bis hin zu Herkunft und Familienstand all das präsentierte, was die Leser im Hinblick auf Person und Werk des Schriftstellers interessieren mochte. Das Nachrichtenmagazin erschien zu diesem Anlass mit einem signifikanten Titel: In beengendem Rahmen und vor dunklem Hintergrund sieht man die Fotografie eines schüchternen, weltfremden, ja: linkischen und grüblerischen Menschen, der, verlegen den Kopf mit den Fingern der rechten Hand stützend, die Düsternis hinterwäldlerischer Provinzialität ausstrahlt. Bildunterschrift: »Schriftsteller BÖLL«.

Verschiedentlich hatte der *Spiegel* auch zuvor schon Titelbilder von Schriftstellern gezeigt. So erschien Max Frisch (Nr. 41/1953) – aufgenommen aus Untersicht, mit strahlendem Lachen und den Bildunterschriften »Schweizer in dieser Zeit« und »Logenplatz im Welttheater« – als heiterer Repräsentant von Souveränität und Kosmopolitismus. So wurde von Ingeborg Bachmann (Nr. 34/1954) das Bild einer *femme fatale* vermittelt, die ein Hauch von Genialität und Spiritualität umwehte, von Schönheit und Unberührbarkeit, Rätselhaftigkeit und Verzweiflung, Erotik und Leidenschaftlichkeit. Und Heimito von Doderer (Nr. 23/1957), auch er aus leichter Untersicht aufgenommen, zeigte die Überlegenheit des Bonvivants, mit einer den Bildrahmen sprengenden Pfeife im Mund, in den Augen der skeptische Blick eines illusionslos-ironischen Intellektuellen. Es waren jeweils mehr oder weniger treffend pointierende Momentaufnahmen, die gleich mehrere charakteristische Persönlichkeitsmerkmale hervorhoben, ohne diese zur Karikatur zu verkürzen. Die Fotografie Bölls aber wirkt bei näherer Betrachtung eher wie eine Maske denn als Porträt. Sie legt den Autor im Sinn einer Komplexitätsreduktion auf ein einziges Merkmal fest. Das Titelbild drückte auf seine Weise aus, was das Nachrichtenmagazin im Textbeitrag durch ein Zitat des Kritikers Joachim Kaiser zu beglaubigen suchte: Der »irgendwie schutzlose, überwältigend aufrichtige Autor« sei »geradezu ein Symbol der Mediokrität deutscher Nachkriegsdichtung«.

Dass sich der *Spiegel* trotz dieses negativen Urteils ausführlich mit Heinrich Böll befasste, besaß seinen schlichten Grund in dessen Prominenz. Der zugehörigen Titelstory war zu entnehmen, dass es sich um den

»erfolgreichsten deutschen Schriftsteller« nach dem Zweiten Weltkrieg handele. Allein die Auflagenzahlen sprachen zu diesem Zeitpunkt für sich. Bölls Roman *Und sagte kein einziges Wort* (1953), Erstauflage 3000 Exemplare, erlebte schon nach einem guten Jahr eine Neuauflage und lag in gebundener Form bis Ende 1961 im 32. Tausend vor, während die Taschenbuchausgabe zu diesem Zeitpunkt bereits eine Auflagenhöhe von 100 000 Exemplaren erreicht hatte. Der Sammelband *Erzählungen, Hörspiele, Aufsätze* (1961) hatte zwischen Mai und Dezember 1961, innerhalb von acht Monaten, eine Auflage von über 100 000 Exemplaren erlebt, Übersetzungen lagen 1961 in 18 Sprachen vor, und selbst in der Sowjetunion waren seine Werke in mehr als 800 000 Exemplaren verbreitet. Kurz vor jener *Spiegel*-Story war Bölls *Irisches Tagebuch* (1957), bereits als Hardcover ein Best- und Longseller, in hoher Auflage als erster Band des neu gegründeten Deutschen Taschenbuch Verlages (dtv) erschienen – bis heute erzielte das Buch eine Auflage von 1,9 Millionen und wurde in 22 Sprachen übersetzt. Hatte der junge Autor im Jahr 1951 noch kaum gewusst, wie er mit seiner Familie überleben sollte, so betrug die Gesamtauflage seiner Bücher nur zehn Jahre später weltweit mehr als zwei Millionen.

Das waren Zahlen, an denen auch der *Spiegel* nicht vorübergehen konnte. Sie belegen die Geschichte eines literarischen Erfolges, der auch in den folgenden Jahren und Jahrzehnten anhielt. So erzielte der Roman *Ansichten eines Clowns* (1964), der in 38 Sprachen übersetzt wurde, eine Gesamtauflage von 1 855 000. *Die verlorene Ehre der Katharina Blum*, 1974 erschienen und mit 2 700 000 Exemplaren die nicht nur meistverkaufte, sondern bekannteste und wohl auch meistgelesene seiner Prosaarbeiten, wurde in 31 Sprachen übersetzt. Selbst als schwierig geltende Werke erlebten hohe Auflagen und Übersetzungen in bis zu 20 Sprachen, so neben dem 1953 veröffentlichten Roman *Und sagte kein einziges Wort* (230 000) auch *Billard um halb zehn* aus dem Jahr 1959 (480 000) sowie das 1972 erschienene Opus *Gruppenbild mit Dame* (480 000) und auch der von der Kritik als Alterswerk bemitleidete, posthum publizierte Roman *Frauen vor Flußlandschaft* (305 000).

Doch nicht allein seine literarischen Arbeiten begründeten Bölls Erfolg. Darüber hinaus hielt er viel beachtete Reden und Vorträge. So – um nur die wichtigsten zu nennen – 1964 an der Johann Wolfgang Goethe-Universität seine *Frankfurter Vorlesungen;* so 1967, anlässlich der Verleihung des Georg-Büchner-Preises, seine Rede über *Georg Büchners Gegenwärtigkeit;* und so auch 1973, nach der Verleihung des Literaturnobelpreises, sein *Versuch über die Vernunft der Poesie.* Vor allem aber mehrten seine öffentlichen Einreden und Interventionen seinen Ruhm, und zwar in ebendem Maß, in dem sie Widerspruch hervorriefen und Kontroversen provozierten. Seine Prominenz wuchs mit jeder einzelnen seiner literarischen Veröffentlichungen und mit jedem öffentlichen Auftritt. Böll wurde etwas, was er nie hatte sein wollen: ein Star der Nachkriegsliteratur. Er errechte Kultstatus, weil er ein Gegenwartsautor in jenem doppelten Sinn war, den er gesprächsweise mit den Worten pointiert hat: »ich lebe in dieser Zeit und schreibe für diese Zeit und meine Zeitgenossen« (KA 24, 165).

Auch deshalb haben Kritiker wie Klaus Harpprecht oder Marcel Reich-Ranicki Böll gelegentlich einen ›Moralisten‹ genannt. Ein Autor, der vor dem Hintergrund seiner persönlichen Erfahrungen schreibt und im Hinblick auf Leser, die er für seine Sicht der Dinge gewinnen will – eine solche Disposition ließ sich offenbar problemlos mit jenem abwertenden Beiklang verbinden, den der Begriff ›Moralist‹ im Deutschen besitzt. Doch dieses Prädikat verfehlt, sofern mit ihm die große Tradition des französischen Moralismus zitiert werden soll, die Besonderheit der Interventionen Bölls um eine entscheidende Dimension. Dieser Autor suchte zu keiner Zeit eine Rückversicherung bei den etablierten ethischen Codes seiner Gegenwart. Er bedurfte keiner ideologischen Orientierung inmitten gesellschaftlich akzeptierter Argumentationsmuster oder der Vorgaben von politischen Zirkeln und gesellschaftlichen Salons. Was seinen Ansatz unterscheidet von den bedeutenden Moralisten des 17. und 18. Jahrhunderts, von einem La Rochefoucauld etwa, von La Bruyère, Chamfort oder Montesquieu, ist die poetisch inspirierte Subjektivität des Zugriffs. »Ich betrachte mich nicht einmal als Moralist«, betonte er 1973 gesprächsweise, »dazu ist die spielerische Komponente in mir zu stark. Als Schriftsteller bin ich auch ein Spieler. Ich habe gern mit Formen zu tun. Das Spiel mit Formen, Personen, Situationen macht mir beim Schreiben Spaß.« (KA 24, 371)

Man kommt, wenn man die Ausstrahlung und die öffentliche Wirkung verstehen will, die von Heinrich Böll ausging, nicht umhin, sich mit seiner Persönlichkeit zu befassen, mit seinem Habitus und jenen Charakteristika, die in Verbindung mit seinem Auftreten stehen: seine Sprache und seine Stimme. Böll war ein Autor des Medienzeitalters. Sein literarisches Werk besitzt ein mediales Äquivalent in seiner virtuellen Präsenz. Im Zeichen des World Wide Web lassen sich auch mehr als drei Jahrzehnte nach seinem Tod Spuren seiner öffentlichen Arbeit allenthalben noch verfolgen. Auf YouTube etwa finden sich Dokumentationen und Interviews, Filmausschnitte und Reden, Fernsehsendungen und Kritikerstimmen. Sie bieten reichhaltiges Anschauungsmaterial für Bölls Ausstrahlung, exemplarisch wahrnehmbar in einem 11-minütigen Gespräch, das Reinhard Hoffmeister am 30. Juli 1975 im ZDF-Kulturmagazin *Aspekte* mit Böll geführt hat (vgl. KA 24, 456–460).

Schon der äußere Rahmen des Interviews – das Gespräch wurde offenbar in Bölls Haus geführt – vermittelte einen persönlichen Eindruck. Ein kleinbürgerliches Ambiente: Teetassen und Milchkännchen auf dem Tisch mit geblümter Decke, im Hintergrund Bücher, weiße Stores, vor dem Fenster Blumenkästen. Man sieht den Kettenraucher Heinrich Böll auf dem Sofa sitzend, leicht gebräunt, in hellem Sommeranzug mit weißem Hemd und offenem Kragen, zerzaustem Resthaar und buschigen Brauen, bereit zu entschiedenen Antworten auf die ihm gestellten Fragen. Böll formuliert klar, ohne Floskeln zu verwenden oder – sieht man ab von der einmal wiederholten Nachfrage »Verstehen Sie?« – Überbrückungsformeln zu benutzen. Leitmotivisch unterstützen Arme und Hände die Argumentation, nachdrücklich und vernehmlich tippt der Zeigefinger der rechten Hand auf den Wohnzimmertisch, hin und wieder unterbricht ein freundlich-verbindliches Lächeln den argumentativen Ernst. Mimik und Gestik führen, vermittelt über den Wechsel von einfühlsamer Großaufnahme und beobachtender halbnaher Kameraeinstellung, das Bild einer medienaffinen Persönlichkeit vor Augen. Diese weiß nicht nur, was sie sagt, sondern auch, was sie tut, wenn sie auf einem Öffentlichkeitsforum agiert. Nur in Sekundenbruchteilen streift das Auge des Interviewten die Kamera, im Übrigen aber gilt die Aufmerksamkeit ausschließlich dem Fragesteller. An diesen adressieren sich die Antworten, die durch Nachfragen offenkundig nicht unterbrochen werden sollen.

Böll analysiert vor dem Hintergrund der gleichzeitig stattfindenden Konferenz für Sicherheit und Zusammenarbeit in Europa (KSZE) komplexe politisch-kulturelle Zusammenhänge – das heißt hier: die Repressionen, denen tschechische, slowakische und slowenische Schriftsteller ausgesetzt waren. Er nimmt in grundsätzlicher Weise im Zusammenhang eines Offenen Briefes des Schriftstellers Pavel Kohout zu internationalen Konflikten Stellung – hier: zur politischen Situation innerhalb der Tschechoslowakei. Unprätentiös berichtet er von Aktivitäten, eigenen und denen anderer international bekannter Autoren – hier: zugunsten verfolgter und unterdrückter Schriftsteller in den Ostblockstaaten. Sensibel versteht er es, anlässlich des auf ihn gemünzten Stichworts »moralische Instanz internationaler Größenordnung«, Persönliches und Politisches zusammenzudenken und doch zu unterscheiden – hier: die eigene Rolle als öffentlicher Intellektueller aus »Mißtrauen gegen mich selbst« zu relativieren. Darüber hinaus wendet sich Böll gegen die Absetzung eines Theaterstücks von Jean-Paul Sartre, des »Philosophen der Revolution«, die er eine »Kulturschande« nennt. Seine Argumente in diesem Kontext sind ›konservativ‹ im Sinne von Stilfragen. Sie reichen vom »einmaligen Format« Sartres als europäischer Intellektueller über dessen historische Verdienste um Deutschland, insbesondere seinen Protest gegen die Kollektivschuldthese, bis hin zu seiner einstigen Bereitschaft, sich als Verleger und Herausgeber nach 1945 für die deutsche Literatur einzusetzen – Qualitäten, Leistungen, Tugenden, angesichts derer die »kleine Blöße« (Böll) des Besuchs bei einem

RAF-Mitglied im Gefängnis von Stammheim nicht ins Gewicht fallen dürfe.

Stellvertretend für zahlreiche andere Medienauftritte Bölls bietet dieses Fernsehinterview dem heutigen Betrachter, der unbefangen ist im Hinblick auf die damals aktuellen Interventionsimpulse, einen erstaunlichen Effekt, der mit der Überschreitung des medienästhetisch vorgegebenen Rahmens zu tun hat. In der Geschichte der Fotografie und der bewegten Bilder wird das Spannungsverhältnis von Gesicht und Maske, Persönlichkeit und Rolle im Lauf von Jahrzehnten zunehmend definiert und dominiert durch die Omnipotenz visueller Reproduktionstechniken. Sie führen in Gestalt der Allgegenwart öffentlicher fotografischer Gesichter zu einer Gesellschaft, die in der Politik wie in der Werbung oder den Massenmedien Gesichtsschemata etabliert hat. Die Stelle des natürlichen Gesichts nehmen medienästhetische Surrogate wahr, an die Stelle von Ausdrucksmöglichkeiten lebendiger Personen treten präformierte Repräsentanten von Funktionen. Heinrich Böll aber gelingt es – obwohl oder weil er ein Autor des Medienzeitalters ist? –, sich diesem Bedingungszusammenhang zu entziehen. Seine Wirkung beruht darauf, dass seine Persönlichkeit sich nicht in der Wahrnehmung einer Rolle erschöpft. Sein Gesicht ist, trotz seiner vielfachen Medienpräsenz, nicht zur Maske erstarrt. Hierzu trägt auch seine warme, weiche Stimme bei, die, grundiert durch eine kölnisch-rheinische Intonation, energisch und bestimmt zu akzentuieren weiß. Sie beansprucht Subjektivität und Authentizität.

Die Ausstrahlung, die von Böll seinerzeit ausging, unterläuft die durch medienästhetische Repräsentations- und Kommunikationsformen vorgegebenen Grenzen. Böll gelingt es, auch im Gesprächsformat des Fernsehinterviews das zu bewahren, was man sein »Selbst« nennen kann: den Ausdruck individueller, lebensgeschichtlich gewachsener und unverwechselbarer Identität. »Die Spuren des Alters, die sich im Gesicht eingraben«, so kann man mit dem Kulturhistoriker Hans Belting sagen, »bezeugen das Selbst in der Einheit seiner Lebensgeschichte. Allein die Präsenz des ›Einst‹ im ›Jetzt‹ stiftet die Kohärenz eines Lebenszusammenhangs. Und die mimetische Anstrengung, ein Selbst zu erzeugen, hinterlässt die ›mimischen Falten‹ als Spuren im Gesicht.« Diese lebensgeschichtlich erzeugte Fülle physiognomischer Spuren bleibt auch im Fall Böll sichtbar und nachvollziehbar.

Böll ›live‹, in der Auseinandersetzung mit Themen und Problemen, um die es ihm persönlich geht, nicht als Anwalt eines diffusen ›nationalen‹ Gewissens, sondern ganz bei sich und seiner Sache – das ist das Gegenbild zu der Maske, die 14 Jahre zuvor jener *Spiegel*-Titel von ihm angefertigt und der Öffentlichkeit vorgelegt hat. Von ›Mediokrität‹ konnte im Blick auf diesen Autor schon damals, 1961, im Ernst nicht die Rede sein. 1975, im Jahr des Interviews, bestand in der an Literatur interessierten Öffentlichkeit – gleichviel, ob pro oder kontra Böll – kein Zweifel, dass dieser Autor seine Zeit genutzt hatte. Er hatte alle poetischen Register gezogen, über die er verfügte. Er hatte sich eingemischt, in Gestalt von Polemiken und Pamphleten. Er hatte sich einen Namen mithilfe von Aufrufen und öffentlichen Reden gemacht. Er konnte zornig sein und in seinem Zorn nach Kräften austeilen. Er machte sich angreifbar, und er wurde missverstanden. Dass er sich zu keinem Zeitpunkt taktisch verhielt, sondern die katholische Kirche ebenso attackierte wie die SPD, den politischen Konservatismus in Deutschland ebenso wie die realsozialistischen Machthaber in den Staaten des Ostblocks – diese Form des unbestechlichen Engagements sicherte ihm bis zu seinem Tod einen unruhigen Platz zwischen allen verfügbaren Stühlen. In seinen letzten Jahren hatte ihn die Hoffnung, als Einzelner etwas bewirken zu können, dann auch verlassen. »Ich verspreche mir nicht viel davon«, betonte er 1982 in einem Gespräch über sein Engagement für die Friedensbewegung: »Ich halte nicht viel von Aufklärung. Nicht mehr.« (KA 26, 178)

Und was ist 2017, im Jahr seines 100. Geburtstages, von Heinrich Böll geblieben? Schon 20 Jahre nach seinem Tod schien er dem Blickfeld der räsonierenden Öffentlichkeit wie des lesenden Publikums entschwunden. Im August 2007, kurz vor seinem 90. Geburtstag, erregte das »Magazin« der Wochenzeitung *Die Zeit* (Nr. 32/2007) mit einer schrillen Frage Aufsehen, die seither häufig zitiert wurde: »Wo ist Böll?«.

Der zugehörige Artikel registrierte die Nicht-Präsenz des einst berühmtesten deutschen Schriftstellers, sein Verschwinden aus dem Bewusstsein der Deutschen, trotz einer Vielfalt weiterhin aktueller und brisanter Themen und Debatten, deren Diskussion Böll in den Jahrzehnten zuvor mit angeregt habe. »Ich glaube, es ist eine Vergesellschaftung solcher Rollen eingetreten«, hatte Hans Magnus Enzensberger bereits zwei Jahre nach Bölls Tod in einem *Spiegel*-Gespräch (4/1987) bemerkt: »Wir haben Böll verloren. Aber dafür haben wir Amnesty und Greenpeace.« Und nicht nur das: Jüngere Schriftsteller wie Eckhard Henscheid – 1991 mit einer gerichtsnotorisch gewordenen »Schmähkritik« (BVerfG, 25. 02. 1993 – 1 BvR 151/93) – oder Robert Gernhardt – mit einem boshaft-witzigen Poem in seiner poetischen Galerie »Sechs berühmte Dichter« – verabschiedeten die einstige Galionsfigur der deutschen Gegenwartsliteratur ins literaturgeschichtliche Nirgendwo. Auch sein einstiger Kritiker-Intimfeind Marcel Reich-Ranicki sah für Böll keine Zukunft mehr: »Reden wir offen: Schon jetzt ist nur wenig geblieben. Es wird naturgemäß immer weniger werden. Seine Romane sind mittlerweile allesamt in Vergessenheit geraten.« (*FAZ* vom 28. Mai 2008)

Doch das ist nicht das letzte Wort. Anhand von Fakten lässt sich eine sehr andere Bilanz ziehen. Bereits seit 1980 vergibt die Stadt Köln alljährlich einen nach ihrem bedeutendsten Schriftsteller benannten Literaturpreis. Die Parteistiftung der Grünen schmückt sich seit 1996 offiziell mit seinem Namen. Sein Gesamtwerk, veröffentlicht in seinem Traditionsverlag Kiepenheuer & Witsch, liegt in einer 27-bändigen Ausgabe und bei dtv vor. Eine Auswahl findet sich, zum Teil vom Autor vorgetragen, auf zahlreichen Audio-CDs. Buchhandlungen mit Qualitätsanspruch halten die wichtigsten seiner Titel zumindest im Taschenbuchformat vorrätig. Die Zeitschrift *Freipass* widmete Böll 2016 einen thematischen Schwerpunkt. Literaturwissenschaft und Geschichtsforschung befassen sich mit Person und Werk. Aufsätze zu seiner literarischen Entwicklung finden sich in Sammelbänden und Anthologien. Biografien sind veröffentlicht worden, Dissertationen entstehen über Einzelaspekte seines Œuvres. Und selbst die Politik hat ihren Frieden mit diesem Autor gemacht. Kein Geringerer als Bundespräsident Richard von Weizsäcker erwies ihm, anlässlich der Trauerfeier am 19. Juli 1985 in Bornheim-Merten, die letzte Ehre. Zur öffentlichen Vorstellung der drei ersten von insgesamt 27 Bänden der *Kölner Ausgabe* übernahm 2002 in Köln der damalige Bundeskanzler Gerhard Schröder (SPD) die Laudatio. Zur Präsentation der abgeschlossenen Gesamtausgabe 2009 in Berlin sprach als Festredner der damalige Kulturstaatsminister Bernd Neumann (CDU) – eine in früheren Zeiten völlig undenkbare Große kulturelle Koalition. Und gegen Marcel Reich-Ranickis Verdikt lässt sich eine andere gewichtige Stimme aufbieten: »Wer«, so Ulrich Greiner, Literaturkritiker der *Zeit*,

»sein Werk unvoreingenommen liest, der muss Reich-Ranicki widersprechen, und er wird das herrschende Verdikt, Böll habe es zwar gut gemeint, sei aber formal und sprachlich minderbemittelt gewesen, absurd finden.«

Böll selbst hätte diese Diskussion vermutlich ungerührt gelassen. »Es ist mir gleichgültig«, schrieb er 1972, »ob irgendeiner nach meinem Tod sich noch für irgend etwas interessiert, was ich geschrieben habe, und manchmal bin ich erstaunt, daß sich einer noch eines Romans erinnert, den ich vor zehn Jahren geschrieben habe [...].« (KA 18, 55) Er befand sich mit dieser Einschätzung in guter Nachbarschaft zu Marcel Proust, der gegen Ende seiner *Recherche* in einer Fußnote bekannt hat: »Man nimmt die Vorstellung hin, daß in zehn Jahren man selbst nicht mehr ist, und in hundert Jahren die Bücher, die man geschrieben hat, nicht mehr existieren. Ewige Dauer ist den Werken sowenig wie den Menschen verheißen.«

Was für Proust offenkundig nicht gilt, trifft auch für Böll nur teilweise zu. In seinem Werk wird gesellschaftliche Geschichte bezeugt und historische Geschichte bewahrt. Seine als »Fortschreibung« verstandenen literarischen und publizistischen Arbeiten lassen sich als Kommentar der laufenden Ereignisse lesen und als deren Deutung aus Zeitgenossenschaft verstehen.

Das Thema »Heinrich Böll und die Deutschen« besitzt im übrigen – dies sei zu guter Letzt ausdrücklich betont – auch eine Kehrseite. Dann heißt es: »Die Deutschen und Heinrich Böll«. Die Lektüre oder gar Re-Lektüre der Werke Heinrich Bölls, des Dichters wie des Intellektuellen, bietet die Chance zur Entdeckung und Wiederentdeckung eines Schriftstellers, der ein singuläres Lebenswerk hinterlassen hat. Ein Œuvre, dem man in seinen Widersprüchen wie in seinen Irrtümern, in seiner Hoffnungsmomenten wie in seinen Enttäuschungssignalen, als Interventionsgestus wie als Reflexionsbewegung, als poetische Sprachkunst wie als politisches Zeitbild den Ehrentitel eines literarischen und zugleich historischen Dokuments zuerkennen darf. Aus ihm spricht ein bewahrender, im besten Sinn ›konservativer‹ Geist und ein soziales, im guten Sinne ›linkes‹ Gewissen, beides künstlerisch verbunden in einer »Ästhetik des Humanen«, die über ihre Zeit hinausweist.

So gesehen, lässt sich dieses Werk als ein bleibendes Angebot auch für die Leser nachwachsender Generationen verstehen: zur Begegnung mit einer Epoche, die in Heinrich Böll ihren herausragenden Autor besaß – und dadurch zur Begegnung mit der eigenen Geschichte.

14 Literaturhinweise

Die Texte Heinrich Bölls werden zitiert nach der im Verlag Kiepenheuer & Witsch in den Jahren 2002 bis 2010 erschienenen 27-bändigen *Kölner Ausgabe* (KA Band, Seitenzahl), seine Briefe – soweit nicht anders angegeben – nach der 2001 von Jochen Schubert herausgegebenen und kommentierten zweibändigen Ausgabe *Briefe aus dem Krieg 1939–1945* (KB Band, Seitenzahl).

Um der Lesbarkeit willen wurde auf Fußnoten und Anmerkungen verzichtet, doch sind wörtliche Zitate über die Werk- und Briefausgaben, gegebenenfalls über den Nachweis im Anschluss an die bibliografischen Angaben, unschwer zu erschließen.

Als Orientierung über Leben und Werk Heinrich Bölls sei empfohlen die Biographie von Jochen Schubert: *Eigensinn. Heinrich Böll 1917–1985. Eine Biographie.* Darmstadt: Wissenschaftliche Buchgesellschaft 2017.

Abusch, Alexander: Die nationale Aufgabe der sozialistischen Kultur in der Deutschen Demokratischen Republik. Rede auf dem VI. Bundestag des Deutschen Kulturbundes am 8. Juni 1963 in Berlin. Berlin: Deutscher Kulturbund 1963 (S. 16 f.).

Adenauer, Konrad: Erinnerungen 1945–1953. Stuttgart: Deutsche Verlags-Anstalt 1965.

Adorno, Theodor W.: Ästhetische Theorie. Gesammelte Schriften 7. Hrsg. von Gretel Adorno und Rolf Tiedemann. Frankfurt am Main: Suhrkamp 1970 (darin: »Zum Materialbegriff«, S. 221–223).

Adorno, Theodor W.: »Keine Würdigung«. In: Gesammelte Schriften Band 20·2. Frankfurt am Main: Suhrkamp 1986, S. 503 f. (hier: S. 503).

Aloni, Jenny – Heinrich Böll: Briefwechsel. Ein deutsch-israelischer Dialog. Hrsg. und bearbeitet von Hartmut Steinecke. Unter Mitarbeit von Fritz Wahrenburg. Bielefeld: Aisthesis 2013 (S. 22).

Améry, Jean: »Wieviel Heimat braucht der Mensch?«. In: Ders., Jenseits von Schuld und Sühne. Bewältigungsversuche eines Überwältigten. Stuttgart: Klett Cotta 1997 (S. 84).

Asaria, Zvi: Die Juden in Köln. Von den ältesten Zeiten bis zur Gegenwart. Köln: J.P. Bachem 1959.

Bachmann, Ingeborg – Paul Celan: Herzzeit. Der Briefwechsel. Mit den Briefwechseln zwischen Paul Celan und Max Frisch sowie den Briefwechseln zwischen Ingeborg Bachmann und Gisèle Celan-Lestrange. Frankfurt am Main: Suhrkamp 2008.

Balz, Hanno: Von Terroristen, Sympathisanten und dem starken Staat. Die öffentliche Debatte über die RAF in den

70er Jahren. Frankfurt/New York: Campus 2008. (Darin: »Heinrich Bölls ›6 gegen 60 Millionen‹«, S. 80–85.)

Balzer, Bernd: Anarchie und Zärtlichkeit. Köln: Kiepenheuer & Witsch 1977.

Bellmann, Werner (Hg.): Heinrich Böll. Romane und Erzählungen. Interpretationen. Stuttgart: Reclam 2000.

Belting, Hans: Faces. Eine Geschichte des Gesichts. München: C.H. Beck 2013 (S. 38).

Benjamin, Walter: »Die Wiederkehr des Flaneurs« (1929). In: Ders., Gesammelte Schriften. Band III: Kritiken und Rezensionen. Hrsg. von Hella Tiedemann-Bartels. Frankfurt am Main: Suhrkamp 1972, S. 194–199.

Benjamin, Walter: »Jemand meint. Zu Emanuel Bin Gorion, ›Ceterum Recenseo‹« (1932). In: Ders., Gesammelte Schriften. Band III: Kritiken und Rezensionen. Hrsg. von Hella Tiedemann-Bartels. Frankfurt am Main: Suhrkamp 1972, S. 360–363 (hier: S. 361).

Benjamin, Walter: »Léon Bloy, Auslegung der Gemeinplätze« (1932). In: Ders.: Kleinere Übersetzungen. Gesammelte Schriften. Supplement I. Hrsg. von Rolf Tiedemann. Frankfurt am Main: Suhrkamp 1999, S. 46–51 und Anm. S. 443 f.

Biermann, Wolf: Warte nicht auf bessre Zeiten! Die Autobiographie. Berlin: Propyläen 2016 (S. 347).

Bloch, Ernst: Das Prinzip Hoffnung. Gesamtausgabe in 16 Bänden. Bd. 5: Kapitel 43–55. Frankfurt am Main: Suhrkamp 1977 (hier: S. 1628).

Bloy, Léon: »Das Blut des Armen«. In: Ders., Das Heil und die Armut. Das Blut des Armen und Das Heil durch die Juden. Mit Beiträgen von Georges Bernanos, Raïssa Maritain und Karl Pfleger. Heidelberg: F.H. Kerle Verlag 1953, S. 165–293 (hier: S. 184).

Bloy, Léon: Auslegung der Gemeinplätze. Übersetzt u. herausgegeben von Hans-Horst Henschen. Mit Text und Übersetzung von Walter Benjamin. Wien: Karolinger 2009.

Böll, Alfred: Die Bölls. Bilder einer deutschen Familie. Bergisch Gladbach: Gustav Lübbe Verlag 1981.

Böll, Heinrich: Freies Geleit für Ulrike Meinhof. Ein Artikel und seine Folgen. Zusammengestellt von Frank Grützbach. Mit Beiträgen von Helmut Gollwitzer, Hans G Helms, Otto Köhler. Köln: Kiepenheuer & Witsch 1972.

Böll, Heinrich: Köln gibt's schon, aber es ist ein Traum. Ein Autor und seine Stadt. Hrsg. von René Böll. Köln: Kiepenheuer & Witsch 2014.

Böll, Heinrich: Man möchte manchmal wimmern wie ein Kind. Die Kriegstagebücher 1933–1945. Köln: Kiepenheuer & Witsch 2017.

Böll, Heinrich – Ernst-Adolf Kunz: Die Hoffnung ist wie ein wildes Tier. Der Briefwechsel zwischen Heinrich Böll und Ernst-Adolf Kunz 1945–1953. Hrsg. und mit einem Nachwort von Herbert Hoven. Mit einem Vorwort von Johannes Rau. Köln: Kiepenheuer & Witsch 1994.

Böll, Heinrich – Lew Kopelew: Briefwechsel. Hrsg. von Elsbeth Zylla. Göttingen 2011 (S. 333 f., 387, 390).

Böll, Viktor (Hg.): Heinrich Böll und Köln. Mit einer Wanderung durch Heinrich Bölls Köln von Martin Stankowski. 2. Auflage. Köln: Kiepenheuer & Witsch 1998.

Böll, Viktor und Jochen Schubert: Heinrich Böll. München: dtv 2002.

Böttiger, Helmut: Die Gruppe 47. Als die deutsche Literatur Geschichte schrieb. 2. Auflage. München: Deutsche Verlagsanstalt 2013.

Brieleb, Klaus: Mißachtung und Tabu. Eine Streitschrift zur Frage: »Wie antisemitisch war die Gruppe 47?«. Berlin / Wien: Philo Verlagsgesellschaft 2003 (S. 71–73).

Buck, Theo: »Paul Celan und die Gruppe 47«. In: Speier, Hans-Michael: Celan-Jahrbuch 7 (1997/98). Heidelberg: Universitätsverlag Winter 1999, S. 65–87.

Celan, Paul – Gisèle Celan-Lestrange: Briefwechsel. Mit einer Auswahl von Briefen Paul Celans an seinen Sohn Eric. Aus dem Französischen von Eugen Helmlé. Hrsg. und kommentiert von Alain Badiou in Verbindung mit Eric Celan. Anmerkungen übersetzt und für die deutsche Ausgabe eingerichtet von Barbara Wiedemann. 2 Bde. Frankfurt am Main: Suhrkamp 2001.

Celan, Paul – Hanne und Hermann Lenz: Briefwechsel. Mit drei Briefen von Gisèle Celan-Lestrange. Hrsg. von Barbara Wiedemann in Verbindung mit Hanne Lenz. Frankfurt am Main: Suhrkamp 2001. – Darin: Hermann Lenz: Erinnerungen an Paul Celan (S. 7).

Celan, Paul: Briefwechsel mit den rheinischen Freunden: Heinrich Böll, Paul Schallück und Rolf Schroers. Mit einzelnen Briefen von Gisèle Celan-Lestrange, Ilse Schallück und Ilse Schroers. Berlin: Suhrkamp 2011.

Fröhlich, Claudia: »Restauration. Zur (Un-)Tauglichkeit eines Erklärungsansatzes westdeutscher Demokratiegeschichte im Kontext der Auseinandersetzung mit der NS-Vergangenheit«. In: Erfolgsgeschichte Bundesrepublik? Die Nachkriegsgesellschaft im langen Schatten des Nationalsozialismus. Hrsg. von Stephan Alexander Glienke, Volker Paulmann und Joachim Perels. Göttingen: Wallstein 2008, S. 17–52 (hier: S. 44).

Genazino, Wilhelm: »Heimat vorgespiegelt«. Der Ort der Handlung in der Literatur. In: Ders., Der gedehnte Blick. München: Hanser 2004 (S. 110).

Germania Judaica (Hg.): Geduldet oder gleichberechtigt. Zwei Gespräche zur gegenwärtigen Situation der Juden in Deutschland. Schriftenreihe Heft II. Köln: M. DuMont Schauberg 1960.

Gernhardt, Robert: Gesammelte Gedichte 1954–2006. Frankfurt am Main: S. Fischer 2008.

Grefe, Christiane und Adam Soboczynski: »Wo ist Böll?«. In: *Zeitmagazin*, Nr. 32, vom 2. 08. 2007, S. 12–21.

Greiner, Ulrich: »Der Schriftsteller des Mitleids. Wir sollten ihn wieder lesen: Heinrich Böll. Der Abschluss der 27-bändigen Kölner Ausgabe ist ein guter Anlass«. In: Die Zeit, Nr. 5/2011, vom 27. Januar 2011.

Habermas, Jürgen: »Heinrich Heine und die Rolle des Intellektuellen in Deutschland«. In: Ders., Eine Art Schadensabwicklung. Kleine politische Schriften VI. Frankfurt am Main 1987, S. 27–53 (hier: S. 29).

Hanuschek, Sven: Geschichte des bundesdeutschen PEN-Zentrums von 1951–1990. Tübingen 2004 (S. 333 f.).

Heinrich-Böll-Stiftung (Hg.): Heinrich Böll und die DDR. Berlin: Heinrich-Böll-Stiftung 1997.

Holfter, Gisela: Heinrich Böll and Ireland. With a Foreward by Hugo Hamilton. Newcastle upon Tyne: Cambridge Scholars Publishing 2012.

Hummel, Christine: Intertextualität im Werk Heinrich Bölls. Trier: Wissenschaftlicher Verlag Trier 2002.

Ibrügger, Angelika: »Die unfreiwillige Selbstbespiegelung einer *lernenden Demokratie*«. In: Colin, Nicole / Beatrice de Graf / Jacco Pekelder / Joachim Umlauf (Hg.): Der »Deutsche Herbst« und die RAF in Politik, Medien und Kunst. Nationale und internationale Perspektiven. Bielefeld: transcript 2008, S. 156–169.

Janssen, Werner: Der Rhythmus des Humanen bei Heinrich Böll – »… die Suche nach einer bewohnbaren Sprache in einem bewohnbaren Land«. Frankfurt am Main u. a.: Peter Lang 1985.

Jens, Walter: Deutsche Literatur der Gegenwart. Themen, Stile, Tendenzen. München: Deutscher Taschenbuch Verlag 1964 (S. 130).

Jünger, Ernst – Carl Schmitt: Briefe 1930–1983. Hrsg., kommentiert und mit einem Nachwort von Helmuth Kiesel. Zweite, ergänzte und überarbeitete Neuausgabe. Stuttgart: Klett-Cotta 2012.

Jürgenbehring, Heinrich: Liebe, Religion und Institution. Ethische und religiöse Themen bei Heinrich Böll. Mainz: Matthias-Grünewald-Verlag 1994.

Katzouraki, Chrysoula: Die Formen der Symbolisierung in der frühen erzählenden Prosa Heinrich Bölls (1937–1947). Siegen: Phil. Diss. 2011 (http://dokumentix.ub.uni-siegen.de/opus/volltexte/2011/510/).

Kepplinger, Hans Matthias / Michael Hachenberg / Hermann Frühauf: »Struktur und Funktion eines publizistischen Konflikts. Die Auseinandersetzung um Heinrich Bölls Artikel ›Will Ulrike Gnade oder freies Geleit?‹«. In: Dell'Agli, Anna Maria (Hg.): Zu Heinrich Böll. Stuttgart 1984, S. 150–173.

Kiesel, Helmuth: »Die Restaurationsthese als Problem für die Literaturgeschichtsschreibung«. In: Erhart, Walter / Dirk Niefanger (Hg.): Zwei Wendezeiten. Blicke auf die deutsche Literatur 1945 und 1989. Tübingen: Niemeyer 1997, S. 13–45.

Kiesel, Helmuth: »Die Restauration des Restaurationsbegriffs im Intellektuellendiskurs der frühen Bundesrepublik«. In: Dutt, Carsten (Hg.): Herausforderungen der Begriffsgeschichte. Heidelberg: Winter 2003, S. 173–193.

Kiesel, Helmuth: Ernst Jünger. Die Biographie. München: Siedler 2007.

Kluge, Alexander: Gelegenheitsarbeit einer Sklavin. Zur realistischen Methode. Frankfurt am Main: Suhrkamp 1975 (S. 215, 216).

Kroll, Thomas und Tilmann Reitz (Hg.): Intellektuelle in der Bundesrepublik Deutschland. Verschiebungen im politischen Feld der 1960er und 1970er Jahre. Göttingen 2013.

Kühn, Dieter: Auf dem Weg zu Annemarie Böll. Eine biographische Skizze. Berlin: Heinrich-Böll-Stiftung e. V. 2000.

Linder Christian: Das Schwirren des heranfliegenden Pfeils. Heinrich Böll – Eine Biographie. Berlin: Matthes & Seitz 2009.

Magenau, Jörg: Martin Walser. Eine Biographie. Reinbek bei Hamburg: Rowohlt 2005.

Mahler, Horst: »Brief an Heinrich Böll vom 31.1.1972«. In: Grützbach, Frank (Hg.): Heinrich Böll: Freies Geleit für Ulrike Meinhof. Ein Artikel und seine Folgen. Mit Beiträgen von Helmut Gollwitzer, Hans G Helms, Otto Köhler. Köln: Kiepenheuer & Witsch 1972, S. 138–140 (hier: S. 139).

Meyer, Martin: Ernst Jünger. München: Hanser 1990.

Mitscherlich, Alexander und Gert Kalow: Hauptworte – Hauptsachen. Zwei Gespräche: Heimat Nation. München: Piper 1971 (S. 13).

Neuhaus, Volker: »Bildnis des Dichters als junger Soldat. Die Kriegsbriefe Heinrich Bölls als tragende Säule seines Gesamtwerks«. In: Freipass Band 2. Redaktion: Dieter Stolz. Berlin: Ch. Links Verlag 2016, S. 27–52.

Neven DuMont, Reinhold: Mit Büchern und Autoren. Mein Leben als Verleger. Köln: Kiepenheuer & Witsch 2016 (S. 100–102).

Prokop, Siegfried und Dieter Zänker (Hg.): Verlorene Träume. Zum 60. Jahrestag der Gründung des Deutschen Kulturbundes. Berlin: Kai Homilius Verlag 2007.

Pschera, Alexander: Léon Bloy. Pilger des Absoluten. Schnell-roda: Antaios 2006.

Rathjen, Friedhelm: »Irrwitziges Schwafelbuch«. In: litera-turkritik.de, Ausgabe 12/2016.

Reich-Ranicki, Marcel: Deutsche Literatur in Ost und West, München: Piper 1963 (S. 135).

Reich-Ranicki, Marcel: Mehr als ein Dichter. Über Heinrich Böll. Köln: Kiepenheuer & Witsch 1986 (S. 15).

Reich-Ranicki, Marcel: Mein Leben. München: dtv 2000 (S. 368).

Reid, J. H.: »»Diesem Böll der Preis ...‹ – Heinrich Bölls prob-lematisches Verhältnis zur Gruppe 47«. In: Braese, Ste-phan (Hg.): Bestandsaufnahme. Studien zur Gruppe 47. Berlin: Erich Schmidt Verlag 1999, S. 103–114.

Richter, Hans Werner: Briefe. Hrsg. von Sabine Cofalla. Mün-chen, Wien: Hanser 1997 (S. 128).

Sauder, Gerhard: »Heinrich Bölls Léon-Bloy-Lektüre«. In: Jung, Werner / Jochen Schubert (Hg.): »Ich sammle Au-genblicke«. Heinrich Böll 1917–1985. Bielefeld: Aisthesis 2008, S. 31–48.

Schelsky, Helmut: »Exkurs: Heinrich Böll – Kardinal und Märtyrer«. In: Ders.: Die Arbeit tun die anderen. Klassen-kampf und Priesterherrschaft der Intellektuellen. 2. Aufl. Opladen: Westdeutscher Verlag 1975, S. 342–363.

Schlenstedt, Silvia (Hg.): Briefe an Hermlin. Berlin und Wei-mar: Aufbau Verlag 1985.

Schlöndorff, Volker: Licht, Schatten und Bewegung. Mein Le-ben und meine Filme. München: 2008.

Schley, Fridolin: »Doppelgänger im Halbschatten. Heinrich Bölls Irisches Tagebuch und seine Gespenster«. In: Freipass. Forum für Literatur, Bildende Kunst und Politik. Schriften der Günter und Ute Grass Stiftung. Band 2. Redaktion: Die-ter Stolz. Berlin: Ch. Links 2015, S. 53–67.

Schnepp, Beate: Vogelflug – Vertreibungen – Fürsorgliche Belagerung. Studien zu Heinrich Bölls Roman *Fürsorgliche Belagerung*. Trier: Wissenschaftlicher Verlag Trier 1997.

Schwarz, Hans-Peter: Adenauer. Der Staatsmann: 1952–1967. Stuttgart: Deutsche Verlags-Anstalt 1991 (S. 931).

Schwiedrzik, Wolfgang Matthias: Träume der ersten Stunde. Die Gesellschaft Irnshausen. Berlin: Siedler Verlag 1991.

Schwiedrzik, Wolfgang Matthias: Konservativ und rebellisch. Die Zeitschrift ›labyrinth‹. Gespräche mit Heinrich Böll und Walter Warnach. Neckargemünd: Edition Mnemosyne 2000.

Sölle, Dorothee: Gegenwind. Erinnerungen. Hamburg: Hoffmann und Campe 1995 (S. 265).

Sölle, Dorothee: »Heinrich Böll und die Eskalation der Gewalt«. In: Merkur, 28. Jg. (1974), H. 316, S. 885–887.

Stolz, Wolfgang: Der Begriff der Schuld im Werk von Heinrich Böll. Frankfurt am Main u. a.: Peter Lang 2009.

Trott zu Solz, Werner von: »Denkschrift«. In: Ders.: Der Untergang des Abendlandes. Dokumente und Aufsätze. Olten und Freiburg im Breisgau: Walter 1965 (S. 15, 20).

Vogt, Jochen: »Einmischung nicht mehr erwünscht? Ein Rückblick auf Heinrich Böll« In: Ders.: Erinnerung, Schuld und Neubeginn. Deutsche Literatur im Schatten von Weltkrieg und Holocaust. Oxford u. a.: Peter Lang 2014, S. 377–394.

Vogt, Jochen: Heinrich Böll. Zweite, neubearbeitete Auflage. München: C.H. Beck 1987.

Vormweg, Heinrich: Der andere Deutsche. Heinrich Böll – Eine Biographie. Köln: Kiepenheuer & Witsch 2000 (S. 388).

Warnach, Walter: »Heinrich Böll und die Deutschen«. In: Frankfurter Hefte. Zeitschrift für Literatur und Politik. 33. Jg. (1978), H. 7, S. 51–62.

Wellershoff, Dieter: »Das richtige und das falsche Leben. Zum Werk Heinrich Bölls«. In: Ders., Der lange Weg zum Ausgang. Zeitgeschichte, Lebensgeschichte, Literatur. Köln: Kiepenheuer & Witsch 2007, S. 255–258 (hier: S. 257).

Weninger, Robert: Streitbare Literaten. Kontroversen und Eklats in der deutschen Literatur von Adorno bis Walser. München: C.H. Beck 2004. – Darin: »Freies Geleit für Ulrike Meinhof«. Der Nobelpreisträger Heinrich Böll im »Sympathisantensumpf«, S. 84–101.

Veröffentlichungen des Verfassers, die zum Teil in die vorliegende Darstellung eingearbeitet wurden:

Geschichte der deutschsprachigen Literatur seit 1945. 2. überarbeitete und erweiterte Auflage. Stuttgart: J.B. Metzler 2003 (S. 90–92, 215–217, 240–243).

»Deutsche Debatten. Divergenzen und Konvergenzen am Beispiel von Heinrich Bölls Verhältnis zur DDR«. In: Zeitschrift für Literaturwissenschaft und Linguistik (LiLi). 31. Jg. (2001), H. 142, S. 14–27. – Übersetzung: German Debates. Heinrich Böll and the GDR. In: New German Critique. Number 88. Winter 2003, p. 55–70.

»Ästhetik der Moderne: *Gruppenbild mit Dame*«. In: Böll, Heinrich: Gruppenbild mit Dame. Kölner Ausgabe Band 17. Hrsg. von Jochen Schubert und Ralf Schnell. Köln: Kiepenheuer & Witsch 2005, S. 418–449. – Wieder abgedruckt in: Jung, Werner / Jochen Schubert (Hg.): »Ich sammle Augenblicke«. Heinrich Böll 1917–1985. Bielefeld: Aisthesis 2008, 197–233.

»Der Dichter als Ärgernis. Heinrich Böll und die deutsche Öffentlichkeit«. In: Brokoff, Jürgen / Elke Dubbels / Andrea

Schütte (Hg.): Spielräume. Ein Buch für Jürgen Fohrmann. Bielefeld: Aisthesis 2013, S. 211–221.

»›Cherchez la femme!‹ Anmerkungen zur literarischen Ikonografie des frühen *Spiegel* und zur Popularisierung literarischer Hochkultur im jungen deutschen Fernsehen«. In: Greif, Stefan / Nils Lehnert / Anna-Carina Meywirth (Hg.): Popkultur und Fernsehen. Historische und ästhetische Berührungspunkte. Bielefeld: transcript 2015, S. 39–54.

»›Die Sprache als Hort der Freiheit«. Heinrich Böll: Literarisches Werk und soziale Realität«. In: Fauth, Soeren R. / Rolf Parr (Hg.): Neue Realismen. München: Wilhelm Fink 2016, S. 157–163.

»Literatur als Zeitkritik: Heinrich Böll«. In: Freipass. Forum für Literatur, Bildende Kunst und Politik. Schriften der Günter und Ute Grass Stiftung. Band 2. Redaktion: Dieter Stolz. Berlin: Ch. Links 2015, S. 14–25.

Dank

– an René Böll für seine Unterstützung,

– an Theodor Böll für freundliche Auskünfte,

– an Olaf Petersenn für kompetenten Rat,

– an Jochen Schubert für gute Gespräche,

– an Gudrun für ihre unfehlbare Kritik.

Heinrich Böll. Man möchte manchmal wimmern wie ein
Kind. Die Kriegstagebücher 1943 bis 1945. Gebunden, mit
besonderer Ausstattung. Verfügbar auch als E-Book

Knapp, assoziativ, stellenweise geradezu lyrisch notiert
Heinrich Böll, was ihn in den letzten Kriegsjahren be-
schäftigt, quält und am Leben hält – auf der Krim, in Ru-
mänien, in Deutschland. Diese bislang unveröffentlichten
Kriegstagebücher sind ein Glücksfall für alle, die Heinrich
Böll nahekommen möchten – Dokumente von großer
Intensität und Wahrhaftigkeit.

**Kiepenheuer
&Witsch**